U0152421

朱元璋

聖賢・豪傑・大賊

蕭若元說明朝

第三章

肇紀立極　大明終始

高築牆、廣積糧、緩稱王／
反骨仔是如何鍊成的／
不情不願出山的大軍師劉伯溫／
應天保衛戰／
洪都保衛戰／
史上最大規模水戰——鄱陽湖之戰／
死不怨泰州張／
南征北伐，同步進行／
光復燕雲十六州，漢族人民站起來／
朱元璋的封臣榜／
天才的發明：八股文／

超限額的殺戮，超現實的生存／
古今帝皇的偶像／
血淋淋的「平等」／
十萬個不可以／
老大哥朱元璋在看着你／
明天記得準時返工，否則……／
每天上班都是玩命／
無止境的文字獄／
痛失最好的繼承人／
欠缺安全感而來的焦慮與多疑／
貨幣系統大崩壞／
封閉型經濟／
皇子血統的歷史懸案／
埋下禍根注定叔姪相殘／

前言

熟悉我的讀者，都知道我曾經用了不少時間，在網台節目中講述中國近代史，也講過清朝的皇帝，後來講稿都結集成書，分別是《蕭若元細說——中國近代被消失的八十年》和《蕭若元說——愛新覺羅皇帝》。我的歷史根底，大部分是來自《資治通鑑》和《史記》，當中又以《資治通鑑》最為熟識。《資治通鑑》是北宋的著作，所以我對於其後明史這個範疇，相對而言沒有那麼熟悉。

後來，我答應了網友講述明史，於是從 2016年 5月開始準備，用了不少時間，看了不少書，希望用一年時間完成。相較於前兩次，我相信講述明史的時候，會比講述清朝的皇帝更詳細一點，但卻會比近代史較為簡略，因為近代史只涉及七、八十年，明朝卻一共有將近三百年，如果用講解近代史那種方式來撰寫，就會超過百萬字，未免太長了。

明朝前後有十六個皇帝，他們在歷史上享有甚麼地位呢？一般來說，人們覺得明朝是一個很差的王朝，姓朱的皇帝都彷似很不像樣，更有幾個出名的昏君，培養出許多惡名昭著的太監。然而，在魏晉南北朝的南朝，曾出現了幾個更加離譜的皇帝。明朝十六帝當中，萬曆有兩項紀錄：第一是他在位時間之長，長達四十八年，不單是十六帝之冠，也是自漢武帝之後、在位時間最長的中國皇帝（漢武帝在位五十四年，如果將遼朝也計算在內，則還有在位四十九年的遼聖宗耶律隆緒，比萬曆還要長幾年），這項紀錄要到清朝的康熙才被打破；第二是他「罷工」時間之長，他二十六年不上朝，不見所有臣子，令到自申時行之後的所有大學士，從來未見過皇帝一面，一見到皇帝竟嚇到「瀨尿」。明朝的皇帝也是出名獨裁，很不尊重臣下。例如與宋朝相比，宋太祖在太廟立下「太祖誓碑」，要登帝位的子孫立誓，不得濫殺士大夫和上書言事之人（雖然史學界對太祖誓碑的考證尚有爭論，但現時仍以真確說為主流），而事實上整個宋代，被殺的臣下確實不多，懲處最嚴重的都只是被貶謫至偏遠之地。例如蘇軾的「烏臺詩案」，蘇軾當時闖下大禍，差一點就被宋神宗處死，但最後只是被貶到黃州（今湖北東部）而已。如果蘇軾遇著明朝的皇帝，只怕沒有那麼好彩。因為明初發明了「廷杖」——皇帝懲罰大臣的刑罰，施刑時大臣在朝廷上當眾被脫下衣服打屁股，打到屁股開花，屢屢打死收場。懲罰通常超過三十杖，這麼多的杖數，一般人都承受不住，就算當場沒有被打死，也很可能回家後重傷致死。許多大臣經常被打到屁股的皮全爛，那個時候沒有人造皮膚，更沒有植皮手術，大家知不知道用甚麼方法治療？答案是他們生劏活羊，剝了羊皮，趁羊皮上的羊血未乾，將羊皮貼上屁股，等它們自動黏合，所以人就變成有個羊屁股。明朝中葉後，坊間有個講法，如果摸一下人家的屁股，發現有些毛長在屁股上，是個羊屁股的話，就可以肯定此人以前是大官。

我計劃分七個部分講述明史，由2016年8月講起，到2017年5月暫停，已經涵蓋了六個部分，分別是《第一部：朱元璋——聖賢、豪傑、盜賊》、《第二部：靖難、偽君子——朱棣》、《第三部：大起大落的皇帝——朱祁鎮》、《第四部：從畸戀到頑童——憲宗、孝宗、武宗》、《第五部：聰明自私的道士皇帝——朱厚熜》、《第六部：從變法到罷工的皇帝》。我會由朱元璋一直講到萬曆皇帝，這十個月期間，已經上載超過二百條YouTube片段，總計超過三十小時，累積超過五百萬的觀看次數，講歷史而且又是用廣東話講，竟然有這麼多的收看人次，對我來說，簡直太神奇了！為此我深深感恩。同一時間，我也在講《商界十大梟雄》，從李嘉誠開始，順序是何鴻燊、李兆基和黎智英，中間並無停頓。2017年11月講完黎智英後，我便計劃講述明朝最後的兩——天啟和崇禎，將完整講解明史這項浩瀚工程完成，兑現我對網友的承諾。

說到明亡那一段，我有許多新穎的看法，當中包括白銀經濟、貨幣供應、通縮等等問題如何導致明朝的滅亡。我這些觀察與分析，和傳統對於明亡的歷史判斷是截然不同的。

我喜歡讀歷史，而透過講解歷史，可以推陳出新，與網友和讀者分享新的角度和觀點，亦使我感到極大樂趣。又例如在這本說朱元璋的書，我會為大家講解何謂「八股文」。「八股文」這樣艱澀的題目，我相信我能比所看過的書都講得更生動透徹，這也是一大樂事。

蕭若元

2017年立冬

第一章

時代選中的孤兒

時代選中的孤兒

第一章

中國歷史上的開國之君，出身之卑賤無過於朱元璋。他曾瀕於餓死邊緣，當和尚四處行乞，令他對民間疾苦有最切身和深刻的體會，造就他身登大寶後時刻以拯救天下蒼生為己任的「聖人」特質；但曾在社會最底層打滾、為求生存不擇手段的歷練，卻也塑造了他兇狠殘忍的「大盜」一面。

1 要了解明朝，先要理解宋元

當代歷史學家黃仁宇，上世紀八十年代出版過兩本很暢銷的歷史書，分別是《萬曆十五年》和《中國大歷史》，當中對明史提出不少新觀點。基本上黃仁宇把中國的王朝分為三段，秦漢是第一個皇朝，中間的唐宋是第二皇朝，最後的明清是第三皇朝。第二皇朝的唐宋，是個外展型皇朝，用英文來形容，唐宋是中國歷代之中最 outgoing 的時代，很喜歡和外國來往和做生意。唐太宗是天可汗，容許很多外族人入朝為臣。宋朝的對外貿易十分發達，尤其是海洋貿易，因為西域的道路被西夏所阻，促使宋朝大力發展海貿。宋朝的貿易稅收，佔了國家稅收的七八成，但到了明清，就變為田地稅入佔了九成，大部分時間完全禁與外國貿易，還實施海禁。所以中國歷史由宋到明，就出現了重要轉折，明朝演變成一個很內斂的皇朝，其中一個原因，是因為漢人被蒙古人打敗、被元朝統治過之後，對外族產生一種恐懼症，結果造成明朝對外基本上是採取隔離政策，對內的管制則更加嚴厲。其實清朝也繼承了這個心結，雖然滿族人向四方擴充領土，使清朝擁有元朝以外最廣闊的中國版圖，但其實清朝仍很防備外人，尤其對從海路而來的人防備更嚴。

所以，我們要明白這個中國歷史的轉折，才可以明白明朝；而我講解明史，就必要由宋朝末期開始講起。宋朝是一個很富有的時代，也是一個文化很發達的時代。人們最喜歡引用《清明上河圖》作為宋朝繁華的實證。現在有人用計量經濟學，計算出宋朝起碼佔有當時世界上百分之四十的 GDP（國民生產總值），這個紀錄在世界歷史上，沒有任何一個國家可以超越，連相對接近的也沒有。同時代十一至十三世紀的歐洲，還是處於中世紀黑暗時代，廣義的文藝復興要等到十四世紀上半葉才在意大利拉開序幕。

當時，宋朝無論是瓷器、書畫等藝術成就，甚至科學技術都是領先世界的。這樣的一個發達國家，究竟有多少人口？中國人口的歷史紀錄，從來不大靠得住，例如按照史書的記錄推算，中國的人口在東漢高峰時候有六千萬人，但到了三國，竟只剩下三、四百萬人。相比

蒙古人與蒙古馬。雖然現代仍有蒙古人以牧馬為生，但隨着環境污染導致草原萎縮，傳統蒙古人的牧馬生活方式已經逐漸式微。

之下，第二次世界大戰死了七千萬人，但也只是當時參戰國人口最多百份之四，而黃巾之亂竟導致百份之九十五的人口死亡，實在匪夷所思。到了隋朝，隋文帝年代據稱有四、五千萬人，後來人命大量死亡，隋末人口鋭減。過了接近二百年，唐玄宗那時候人口又回升到超過五千萬人。現代還有些研究，估計安史之亂發生前一刻，全國人口可能超過七千萬。到了北宋，人口統計數據的單位是戶數和成年男性數目（人丁數目）。按《宋史．地理》記載，宋徽宗崇寧元年（1102年）有20,264,307戶，男口45,324,154人，距離靖康之難（1127年）尚有二十五年時間，可以視作北宋人口的高峰。然而，這些戶口數字，未必反映現實，因為朝廷按戶收税，平民百姓多想逃税，多報一「口」，你的那一「戶」要交的税自然增加，所以一定會報細數；另一方面當官的又懶，不會時常去更新戶口的紀錄，所以有些地方所紀錄的人口數字，有十年都沒有增加一個人。不過現在我們有其他歷史紀錄作比較，再加上科學化的計算，北宋末年的人口，應該有九千萬甚至一億人。

一個像北宋這樣的國家，人口有接近甚至超過一億，又是全世界最富有、科學技術和文化最進步的國家，結果幾乎被身為遊牧民族的金朝滅了。再說得切實一點，宋人面對遠遠比自己落後的外族，竟然可以三連敗，首先敗於契丹人，其次是女真人，最後是蒙古人。契丹人其實和女真人沒有甚麼大分別，都是東胡的一種。蒙古人的條件，比遼金崛起時候的條件更差，但結果宋人被蒙古人征服了，落得亡國亡種的下場。

為甚麼蒙古軍隊是天下無敵呢？蒙古人靠的是兩件利器。第一件利器是蒙古馬。以現代賽馬作比喻，蒙古馬擅長跑幾十里的長途賽，純種馬則最多跑兩里。蒙古馬短途衝刺不及純種馬，但勝在耐勞，不怕吃苦，可以跑長途，這個優點在戰役中很有利。而且蒙古馬不論飼料，易於放牧飼養。馬是一種消化力不是很好的動物，因為馬不是反芻動物，牠是奇蹄動物，消化植物的能力比不上牛羊豬鹿等偶蹄類，但蒙古馬卻是不論甚麼都可以消化吸收。蒙古人騎著蒙古馬，可以長時間機動作戰，令蒙古人可以發展出一套快速作出長距離奔襲的戰術，使敵人以為蒙古人部署了很多別動部隊連環施襲，從來不知道蒙古人原來只有這麼少人，只是同一隊人連續進攻。第二件利器是蒙古人的複合弓。這種弓是用牛角、樹木和牛筋製成，弓本身不算長。英國人用的是六尺長弓，那時候打贏法國就靠這種長弓。蒙古人的弓沒那麼大，但因為是複合弓，射程和穿透力就跟長弓一樣厲害。但其他人就算有了這種弓，並不等於一定有蒙古人的戰鬥力，因為蒙古人以畜牧為生，在馬背上長大的，可以在馬背上左右弓，哪個民族的生活方式和戰爭最接近，哪個就是最強的戰鬥民族。所以美洲牛仔的戰鬥力也很強，他們騎馬開鎗，一如蒙古人馬上射箭。

2 天下無敵的蒙古戰法

在鐵木真還未成為成吉思汗的時候，蒙古人其實是指一個小部族，到了後來鐵木真征服了其他部族，這些部族以後就全都算作蒙古人了。例如成吉思汗的老婆，原本是蔑兒乞人。鐵木真的義父，也即是在金庸的《射鵰英雄傳》中有出場的王罕，是克烈人，是來自突厥部族。後來成吉思汗打敗乃蠻部長太陽汗，乃蠻人又變成了蒙古人。成吉思汗通過征服不同的遊牧民族，將蒙古人口發展到有幾十萬人，但是騎兵還是只有五、六萬。

擁有數十萬兵的花拉子模，以至整個歐洲，都不敵蒙古人的數萬兵，為甚麼呢？因為蒙古人懂得用運動戰。顧名思義，運動戰靠的是不斷轉移。蒙古人不會站著跟你打，兩陣對圓，蒙古人會引你來追，你不追他們，他們又會再衝過來射一輪箭。你追他們的話，他們就等到你前軍和後軍完全拉開之際，突然掉轉頭來殲滅你的前軍。如果你有太多人，他們就去打別的地方，你如果分兵和他們打，他們就設法將你的分兵逐一消滅。毛澤東講的十大軍事原則，甚麼「先打分散和孤立之敵」、「以殲滅敵人有生力量為主要目標」、「力求在運動中殲滅敵人」、甚至「以俘獲敵人的全部武器和大部人員補充自己」，其實都是抄襲蒙古人的戰術而已。蒙古人從來人口很少，所以他們每攻打一處地方，一定會進行大屠殺，殺剩幾類人：其一是女人，她們會被逼侍寢，以生殖後代，生出來的小孩養大了，就視為蒙古人；其二，高不過車輪的男孩不殺，因為這麼小的男孩還未有很深刻的記憶，成吉思汗還專門把這些滅族剩下的孤兒用作親兵，男孩一直在成吉思汗身邊長大，根本不知道他們誓死效忠的大汗，就是自己的殺父仇人；其三是工匠，因為遊牧民族的人口少，經濟形態原始，社會組織未能高度分工，很需要有人做打鐵、縫紉、製造皮革等工作，所以擁有這些技能的工匠都一定會留下不殺。

鐵木真大約在1182年前後被推舉成為蒙古乞顏部的可汗，這可視作他事業的起點。三十年後，成吉思汗在1211年親率大軍攻打金國，將金國徹底打敗，1215年，成吉思汗攻陷中都（今北京），金國雖然守得住黃河，但領土只剩下河南和陝西。在他有生之年，成吉思汗沒有滅掉金國，他轉而去打花拉子模，回程順道滅了西夏之後就死了。有資格繼承大汗的人，是由成吉思汗的正妻孛兒帖皇后所生的四個兒子，居長的是朮赤，順次是察合台、窩闊台、拖雷。成吉思汗將汗位傳了給窩闊台。

朮赤是長子，為何不是他繼承汗位？首先，是與他的身世有關。鐵木真還未發跡之前，正妻孛兒帖曾經被蔑兒乞人捉走了，鐵木真去報仇，救回了孛兒帖，但孛兒帖經已懷孕，生下的嬰兒就是朮赤，而「朮赤」在蒙古語正是「客人」的意思。當時沒法子去驗 DNA，鐵木真也沒去深究，一直把朮赤當作自己親生的大兒子看待。然而老二察合台與他不和，常常到處宣揚朮赤是野種，兩人關係弄得很僵。老三窩闊台的優點是跟兩個哥哥的關係都不錯，缺點是他有酗酒的壞習慣。人們看《射鵰英雄傳》，只記得拖雷是幼子，事實上他只是孛兒帖所生的最後一個兒子，成吉思汗還與其他妃嬪生下幾個比拖雷年紀更小的兒子。

另外，蒙古人的風俗習慣也影響到汗位的繼承。假如我是蒙古人，我有一千隻羊，當我的長子蕭定一成年後，我便會分五百隻羊給他，然後讓他自己去發展自己一族。然後我繼續飼養剩下的五百隻羊，直至我的次子也長大了，我便又會分一些羊給他，叫他搬出去找其他地方遊牧。如此類推，最後剩下幼子，由幼子守灶，我剩下的東西會全歸幼子所有。成吉思汗的四個兒子，也按著這個模式發展：朮赤和察合台都有了自己的汗國，蒙古國本土的汗位由窩闊台繼承，但最後汗位還是傳給拖雷的後裔。

3 蒙古人管治中國的心態

以前香港初中的歷史教科書上說，蒙古人共有三次西征，三次打的都是不同地方。第一次西征，就如前面所述，成吉思汗並沒有滅金，轉而去打花拉子模，一直打到裏海一帶才回程，回程時經過西夏，又將西夏滅了，然後成吉思汗就死了。成吉思汗西征途中，將裏海以北、當時叫欽察的地方封了給朮赤。另外又將今日新疆西部和中亞的地方封給察合台。朮赤受封成為欽察汗之後，沒多久就死了，比他父親還短命。朮赤的兒子當中，老二拔都被兄弟推舉繼承朮赤的汗位。這個拔都非常厲害，他就是日後接受窩闊台派遣、率領各族長子進行蒙古第二次西征的統帥。拔都先消滅了在今日俄羅斯一帶的所有公國和貴族，然後一路揮軍直上，打到維也納附近地方。當時所有人以為歐洲一定會滅亡，幸而窩闊台突然死了，拔都等諸王於是率領大軍東歸，歐洲才逃過一劫，否則歐洲文化早已滅亡。

窩闊台死後五年，汗位一直懸空，因為成吉思汗一族鬧致極度不和，甚至令推舉大汗的忽里台大會（或稱「忽里台」）一直無法召開。這段時間內，只能由窩闊台的皇后臨朝，發出日常政令，最後由拖雷一族做「和事佬」，召開忽里台，決定大汗汗位由窩闊台的兒子貴由繼承。怎料貴由繼位不到兩年又死了，又輪到他的皇后臨朝。這時候拔都發難，以諸王之長的身份，自己召開忽里台，推舉拖雷的長子蒙哥繼位。蒙哥隨拔都西征，立下不少戰功，與拔都關係當然很好，而拔都其實與貴由有私怨，想藉此機會剷除窩闊台一族的勢力。最終會議通過蒙哥成為大汗；可是不獲察合台和窩闊台一族承認。然而上一次因為拖雷一族肯做「和事佬」，令拖雷的正妻、蒙哥的母親累積了很高威望，加上她本人亦很聰明，逐一去籠絡宗王大臣示好，結果 1251 年再度召開忽里台的時候，終於得到大部分宗王貴族的支持，蒙哥正式接掌大汗之位。大汗汗位就是這樣由窩闊台這一支，轉去了拖雷這一支。

拖雷跟成吉思汗一樣，正妻也是生了四個兒子：順次是蒙哥、忽必烈、旭烈兀、阿里不哥。蒙哥當了大汗後，就派旭烈兀西征，亦即是蒙古的第三次西征。這次西征並不是攻打歐洲，而是中東。

旭烈兀滅了黑衣大食，即是哈里發帝國的阿拔斯王朝，把哈里發處死，並在巴格達屠城一星期。之後他入侵敘利亞，攻陷大馬士革。這時候承傳伊斯蘭文明的重鎮只剩下開羅。正當蒙古大軍快要打到埃及之際，這次是蒙哥死了，於是又要班師。伊斯蘭文明像歐洲文明一樣，逃過一劫。蒙哥死前已經冊封旭烈兀，建立了伊兒汗國。之後忽必烈和阿里不哥爭位的時候，旭烈兀站在忽必烈的一方，因此，伊兒汗國與元朝本部的關係很不錯。就在這段時間，中國的造紙術傳到中東，阿拉伯的知識與技術也傳到中國，尤其是元軍引入源自中東的回回砲，促使元軍能夠攻陷襄陽，為消滅南宋鋪平道路。

蒙哥派旭烈兀西征之後，自己就去掃蕩南宋。大家其實應該知道，蒙哥不是在襄陽城外被楊過擊斃的，根據歷史記載，他是死於四川。他的死有兩種講法。第一種説他在進攻四川釣魚城的時候受了傷，之後傷重不治。另一種講法説他不習慣四川氣候，加上軍中爆發傳染病，他是病死的。無論如何，發展下來的就是忽必烈和阿里不哥這兩個同母兄弟為爭汗位而兄弟鬩場。他們斷斷續續打了四年，最後忽必烈對阿里不哥控制的漠北草原和西域西北部地區實施經濟封鎖，迫使阿里不哥投降。忽必烈再度召開忽里台，希望取得正式推舉，成為全蒙古的大汗；但今次輪到繼承窩闊台一族汗位的海都不服，之後這個海都還成功與金帳汗國和察合台汗國結盟，一起對抗忽必烈和伊兒汗國。忽必烈到死那一天，仍在跟察合台汗國和窩闊台汗國打仗，結果終身都做不成真正的蒙古大汗，蒙古這個大帝國至此亦終結了。後來雖然有和解，但是元朝的皇帝已不能指揮整個蒙古帝國。

忽必烈滅南宋，正如前面所說，關鍵一戰是攻破襄陽城，靠的就是回回砲。回回砲是一種使用counter-weight（配重懸吊）的拋石機，它的機架兩支柱間有固定橫軸，上有與軸垂直的杠杆。杠杆短臂上固定一個重物，長臂末端有彈袋（類似投石帶的套子）用於裝彈。發射時，用絞車把長臂向後拉至幾乎水平，突然放開，石袋即迅速升起。當短臂重錘完全落下時，投射的石彈物就會從彈袋中沿約45度角飛出。襄陽守將呂文煥目睹回回砲的威力，大驚失色，最後抵受不了元軍勸降的心理攻勢，開城投降。襄陽失守三年之後，元軍在1276年正式攻陷臨安。又再過三年，厓山海戰之後，元朝統一海內，漢人自有歷史以來終於全面被異族統治。

前面提到，蒙古人幾乎都把入侵地方的人民屠殺乾淨。由鐵木真開始，蒙古人四處征戰，到忽必烈之時，已經南下打到緬甸，西北打到波蘭、匈牙利，西南打到埃及，只有進攻日本失敗。蒙古帝國是世界上有史以來最大的帝國，佔第二位是大英帝國。這個古往今來人類建立的最大的帝國，究竟在統治期間殺了多少人呢？根據現在學者的估計，是殺了兩億幾人。當時全世界只有四五億人，竟然給蒙古人殺了差不多一半！？那麼蒙古人為何沒有按他們的傳統殺盡所有漢人呢？

其實他們是考慮了很多次，但最終未有實行。早在窩闊台時期，耶律德光和耶律楚材就勸告窩闊台不要殺光漢人，不殺比殺有更多好處。如果殺死全部漢人，用那些地方來放牧，收入只會很少，因為耕田比養牛馬更有經濟效益。你們蒙古人自己又不會耕田，不如就由漢人去耕田，要他們交稅，收入就會更多。到了後來，忽必烈想當中國式的皇帝，重用漢臣，自然更不考慮殺光漢人。不過，其實一直到元朝滅亡，蒙古人還是在反覆考慮，應不應該殺光漢人，或者至少殺死一大部分。元順帝初期有個重臣叫伯顏，他就曾經向元順帝建議，殺光張、黃、趙、劉、李等五姓的漢人，從而減少漢人造反的機會。大家都知道，元朝將人分為四等，分別是蒙古人、色目人、漢人和南人。最高級是蒙古人，人口究竟有多少？即使將突厥、乃蠻等等全部都算作蒙古人，再任由成吉思汗開始，蒙古人濫把漢族婦女充當生殖機器，到元朝後期最多也只不過二、三百萬人。以二、三百萬人之數，統治這麼大的帝國，當然沒多大安全感，所以蒙古人一直使用很多方法去防範漢人。例如不准漢人有刀，十戶人家只能共用一把刀。我覺得這是很難貫徹執行的法律，老百姓如何造飯？如何進行買賣？另外又不准漢人打獵，不准學武功，不准開廟會等等。忽必烈那時候已經有科舉，中途又廢掉了科舉。就算到了朱元璋出生的年代，伯顏仍然提出大殺漢人五大姓的鬼主意，正正是出於考慮應否殺光漢人的思維。

不殺漢人，又怕漢人造反，於是蒙古人常常想在中原搜刮夠了就返回草原，所以他們的税收是外判的，外判商自然要刮得更多，於是就搞出各式各樣税收的名目。其實中國人民向來都慣了高壓統治和交納重税，但當時民間的流通貨幣嚴重不足，竟令到百姓沒有「錢」去交税。元朝繼承了宋朝的紙幣制度，發行大元寶鈔，最初朝廷印紙幣會以白銀和銅錢作為儲備貨幣，後來逐漸在沒有儲備的情況下濫發寶鈔，令到寶鈔大幅貶值，再沒有人願意使用，令貨幣制度完全崩潰，這是元朝亡國的真正原因之一。有民謠描述當時情況：鈔票換鈔票，以前出的寶鈔跌到一千元就當一元，現在又出新寶鈔，新的寶鈔一元就換回以前的一千元，這真是千古奇聞！

元朝另一個亡國原因當然是蒙古人已經再沒有上一代能征善戰。在中原居住的蒙古兵，他們不會像成吉思汗年代日日去騎馬射箭，他們又不去種田，有時間只會去嫖賭飲吹。經濟崩潰，兵事廢弛，元朝統治中國幾十年，全中國已變得好像是一堆乾柴，只是等待一個火花，一旦點燃了，就會變成焚原的洪洪大火。

4 朱元璋的身世

中國有三處地方都築建了明朝皇帝的陵墓。第一處是安徽鳳陽，那是朱元璋的故鄉，他做了皇帝，就將四代的先祖也追封為皇帝，所以鳳陽稱之為祖陵。第二處是南京，因為南京是朱元璋死時的國都，所以他的陵墓就築在南京的紫金山。後來明成祖遷都至北京，所以成祖和之後皇帝的陵墓都在北京，就是我們現在所說的明十三陵。其中明神宗萬歷的墓室已被發掘，我們現在可以進去參觀。在南京的明孝陵，有一塊很出名的石碑，上面寫著四個字：「治隆唐宋」。這四個字是康熙皇帝對朱元璋的評價，稱讚朱元璋的管治比唐

南京朱元璋陵墓明孝陵「治隆唐宋」，由清朝康熙帝所立。康熙帝曾多次親身祭祀朱元璋。

朝和宋朝的皇帝還要好。康熙一生南巡六次，有五次拜謁明孝陵，而且是行三跪九叩大禮，可見他對朱元璋的尊敬。石碑上「治隆唐宋」四個金字，是康熙第三次南巡時（1699年）親筆寫的，並且是由曹雪芹的祖父、當時的「江南織造」郎中曹寅負責立碑。

朱元璋歷史上的諡號是「開天行道肇紀立極大聖至神仁文義武俊德成功高皇帝」。「開天」解作開闢天地，明朝江山是他打出來的。「行道」說他將治道實踐出來。「肇紀」，他創立了綱紀、新的制度。「立極」，為人民建立道德的標準。「大聖至神仁文義武」，形容他具備聖、神、仁、義的品德。「俊德成功高皇帝」，完全徹底達成他的目標，是功績最高的皇帝。由明朝中後期以至清朝，由皇帝到皇后甚至皇太后，他們的頭銜都有這麼多字。明朝皇帝的諡號，由朱元璋開始就是「×天×道」這個格式，清朝的皇帝則變成「×天×運」。至於皇后的諡號，則通常以「扶天」開首，那是扶助天子的意思。皇太后則會說「奉天撫聖」，奉先帝旨意撫養之後的聖上。後來的皇太后，就算還沒有死，也有長長的徽號，而且徽號的長度與她的人工掛勾，譬如說每一個字就有一萬両人工，所以在皇太后的生日，皇帝和朝廷通常都會多送她一個字。

另一個有趣的問題，就是朱元璋的樣貌。朱元璋在史書上流傳兩副樣貌，一副是方面大耳、相

民間流傳朱元璋畫像之一。傳說朱元璋真實的相貌「異於常人」，額頭和太陽穴隆起，口大，下顎凸出，且面上佈滿黑痣。但後人卻將之解讀為「貴兆奇相」，額頭隆起是「五嶽朝天」，大嘴巴是「地包天」，下顎似「豬龍形」，面上黑痣更是代表他有天上七十二星宿守護。

明朝官方紀錄的朱元璋畫像，此畫現存台北故宮博物館。

貌堂堂的那種，另一就很奇怪，奇骨貫頂，下巴兜出來像個月牙鏟，額頭又突出來，頭突尾突，十分醜陋，而且滿面殺氣。為甚麼會有兩副樣貌？原來朱元璋顯貴後，開始叫人幫他畫肖像。最初的畫師都畫得很像他本人，那就是很醜很惡的樣貌。朱元璋一看，二話不說就將畫師殺了，然後又叫人再畫。直到有個畫師，聽說前面畫畫的人全線遭殃，就周圍向高人求救，終於有人教他，你不可以把朱元璋真正的樣貌畫出來，要把他畫得「好眉好貌」，於是畫師就以一副樣子端正的畫像而過關了。

朱元璋究竟祖籍何處？他自己已經

寫得很清楚，但歷史上仍爭論不休。這裏分為祖籍和故鄉兩個問題。中國人談起祖籍，常有不少爭議，因為一個氏族繁衍了千幾年，曾定居無數地方，要講一個人的祖籍究竟是在何處，就要問應該由哪一代開始計算。至於朱元璋的祖籍，現在一般說他祖籍句容，而句容就在南京附近。如果你生在元朝，你當時從事甚麼職業，政府就規定你終身和子孫都要做那種職業，這和印度的種姓制度差不多。朱元璋的祖先曾經在句容淘金，句容的金礦淘空了，就在其他地方買金回來上繳，最後再無法負擔，當然是逃跑離開，在別處開荒種田維生。

至於故鄉，我們現在說朱元璋是鳳陽人，明朝建立後，鳳陽升為府，下轄兩個地方都爭相認是朱元璋的故鄉，一個地方叫鍾離，一個地方叫盱眙（粵音「虛兒」）。其實朱元璋說得很清楚，他是鍾離人，他出世的地方是在鍾離附近。那為甚麼盱眙又大膽認作朱元璋的故鄉呢？因為朱元璋在鳳陽興建了明皇陵，那是祭祀他父母的地方，而盱眙則有明祖陵，是祭祀他祖父輩的官方陵墓。但如以出生的地方作故鄉，朱元璋理應是鍾離人。

接著我說說朱元璋的名字。「元璋」是他自己取的「御諱」，「璋」可以解作形狀像劍的玉器，「元」是指元朝，加上「朱」諧音「誅」，所以「朱元璋」就是推翻元朝的意思。他本名叫朱重八，有人説「重八」即是兩個八的意思，那是錯的；「朱重八」是朱家排行第八的意思。那個時代，基層漢人的名字都很簡單，通常有三種來源。第一種是孩子出生時，將孩子父母的歲數加起來作名字。例如朱元璋父親名叫朱五四，顧名思義，他出生那一年，他父母的歲數加起來就是五十四。第二種就是看孩子在那一天出生，例如朱元璋爺爺，就是叫朱初一。朱重八是用第三種改名法：「八」指排行第八，「重」字表示將所有第三代子孫都一起排列計算，第一個孫是朱重一，朱元璋是第八個孫，所以就是朱重八。朱元璋的伯父生了朱重一、朱重二、朱重三，然後就輪到朱元璋的爸爸生的長子，那是朱元璋的大哥朱重四，然後又輪到大伯生的朱重五，而朱元璋的二哥三哥是朱重六和朱重七。根據清朝的記載，因為蒙古人不識字，所以不准漢人用艱深漢字改名，而蒙古人無論怎樣目不識丁，至少都認得漢字「一」至「十」怎寫，所以就規定漢人要用數字改名。這種做法跟共產黨可謂如出一轍：三面紅旗、三項紀律、八大注意、四個現代化等等。蔑視中國傳統文化的政權都喜歡將數字掛在口邊。不過我發現元朝同時代的人名並非個個如此，所以我認為應只有一些地方蒙古官員有此規定，但其他地方則沒有。

朱元璋爸爸在鍾離種田，娶了個姓陳的女子為妻，生了兩個女兒和四個兒子，家庭環境慢慢改善。可是元朝至正四年（1344年），淮北大旱，父母、大哥、姐姐全都在這一年死了，那時候朱元璋是十六歲。我先説朱元璋小時候的一件事。他的一家是幫一個名叫「劉德」的地主耕田，朱元璋年紀小的時候就幫忙放牛。朱元璋自小就很有領導天才，一群小孩玩角色扮演遊戲，他扮演的就是皇帝。孩童用塊爛車板套上頭當作是王冠，拿段爛木頭就當是玉笏。有一天，朱元璋一邊放牛，一邊跟其他孩子玩帶兵打仗，怎知不小心令小牛送了命。小孩都很害怕，朱元璋卻很鎮定，説我們很久沒吃過飽飯了，先吃了小牛再説，然後一群小孩一起吃了那隻小牛。天黑了，村裏的人開始到處找尋他們和那隻小牛。回去如何交待呢？朱元璋決定把牛尾巴塞進山石的隙縫，然後回去告訴那個地主，那隻牛上山後就找不到，可能掉下山谷跌死了，我們只見到山石間有些牛尾的毛。結果呢？以朱元璋當時的才智，還未至於可以騙倒村裏的人，結果被人打到幾乎斷手斷腳。

朱元璋的童年雖然清貧，但還不至於窮到過不了日子，他甚至還讀過幾個月的書。所以他投靠郭子興時候，其實懂一些字。然後他靠自學讀書，讀過像《尚書．洪範》這些很艱深的篇章，累積下來的學問有相當的水平。我讀過朱元璋寫的文章，覺得整體很不錯，應該和他下過的苦功有關。本來如果沒有元順帝至正四年那場極大的災難，或許朱元璋就只是一個文章寫得很好的讀書人而已。但是這一場災難，先是把他扔入一般現代人難以想像的絕境，然後，又神推鬼使地令他一步一步登上大寶之位。

那場災難是怎樣的呢？首先是黃河決堤。如果香港下大雨，天文台發出「黑雨」警告、商場如又一城變成「水舞間」，都可以把大家嚇壞的話——黃河決堤嘛，就是黃河南部那些地方全部淹沒，大概會比又一城水舞間恐怖一萬倍吧！這還只是個開始。有甚麼比大難臨頭更恐怖？就是兩次大難臨頭，不，是ㄋ次大難臨頭。黃河決堤後，不久就接著是旱災，然後就是蝗災。始有餓殍，又自會有時疫，一旦爆發疫症，又有更多人染病而死，惡性循環，直到災區的人幾乎死光。

當時還是基層百姓的朱元璋當然難以倖免，而且每場災禍都有份。先是他自己染了病，接著六月初三他父親餓死，旋即大哥死於初六，六月廿二輪到他母親，再來就是侄子。短短一個月內，全家都死光。三哥因家貧入贅了別家，姐妹外嫁了，他們也就僥倖逃過一劫。不過他們環境也不太好，想幫忙也無能為力。家裏倖存的其實只有他和他二哥，如今父母雙亡，連安葬地方也沒有。時至今日，中國人還是靠炒地致富，這個「傳統」在朱元璋那個年代當然也不會例外。而走投無路的朱元璋，當然知道還是得向地主求救。他請求劉德給他一塊地去安葬父母，但劉德拒絕了。他二哥鍥而不捨哀求了很久，終於打動了地主的哥哥劉繼祖，給他們一塊地。上天大概覺得朱家兄弟未夠慘，在朱元璋抬著父母的遺體去那塊地安葬時，還附送一場雷雨。朱元璋只好用一片蓆子去捲住遺體，但當時雷雨交加，再加上泥石流，使他不得不跑上高地暫避。但當他從高地下來時，他父母的屍身已經被泥漿掩埋了。如用「正向」態度觀之，可能是上天幫他把父母入土吧！

此事已了，但天地茫茫，何處容身？然後他想起一件事。他出生幾天之後，曾一度肚子鼓脹，哭不出來，又吃不了奶，也透不了氣。他父親曾經帶他去佛寺祈願，希望救回他的性命。回來後，他真的可以哭出聲來，而且開始吃奶，最後奇蹟康復。那時他父親就許願，要帶他到佛寺出家。這時候他既已無依無靠，就把心一橫去皇覺寺出家為僧，算是還了他小時候所許的願。

讀者朋友可能會問，為甚麼佛寺要收留這麼多半途出家的人？因為寺廟其實擁有不少田產，所以也就要「營運」，當然還未到今天大陸的佛寺營運到上市的地步，但找些人打理這些產業還是需要的。於是不少窮家子女會留在佛寺做雜工，服侍長老、其他的大和尚，也要耕田、打掃，幹各種粗活。朱元璋本想，在皇覺寺出家怎說也算找到一條活路，誰不知，他在皇覺寺只有五十天，也就面臨斷糧了！皇覺寺的田全部失收，和尚全都解散，須各自外出化緣。朱元璋在皇覺寺待了五十天又要離開——表面上說化緣，其實是去行乞。好好一個讀過《尚書》、會寫得一手好文章的人，淪為乞丐，用不上一年的時間！命運弄人，可見一斑。

5 「信教」是成功之本

朱元璋後來由乞兒變皇帝，和他同鄉的人應記一功。朱元璋的鄉下竟然出了很多強人，他後來麾下很多大將本都是他的同鄉，例如湯和、徐達、花雲等。這些與他同鄉的名人，就有二十四個之多。

今日很多人都會講「識人好過識字」，但問題是，朱元璋當時這副賤過地底泥的身世，何來門路結識到這些猛人，甚至後來做了他們的老闆？他的做法非常聰明，就是：返「教會」。只有「教會」，特別是正在擴張的「教會」，正正最不計較出身，對來自五湖四海加入其宗教團體的信眾，多是來者不拒。這裏說的「教會」當然不是我們今天所理解的教會，而是《倚天屠龍記》裏面所說的明教。他從皇覺寺外出化緣，結果在安徽西面繞了整整一個圈；而這一行，一去就是三年。他十七歲那年父母雙亡，而他回到皇覺寺時，已是二十歲，而且已經有重大改變，就是成了明教教徒。

這三年當中，他認識了不少人，見識也大有增長，而更重要的是受到明教、白蓮教的教義影響，變相為他後來的帝皇之路鋪了階級。不過究竟白蓮教、或者明教，到底是甚麼？

有人問明教是否即瑣羅亞斯德教或者祆教？其實明教不是瑣羅亞斯德教。瑣羅亞斯德教就是祆教，亦即拜火教。明教其實是牟尼教（或曰摩尼教）。牟尼教出現的時間比起上述的教派都要遲，而且混合了拜火教、基督教，又有少許佛教，還有些基督教的靈知派的教義。牟尼教是一個名叫牟尼的人發明。他把發源自波斯的瑣羅亞斯德教，亦即是將拜火教跟基督教合一，成為一個宗教。它的主要教義是「二宗三際」，把這個世界以二元論來理解，即是光明和黑暗，或善良和邪惡，二者是分開而且是對立的，絕沒絲毫混雜——這就是「二宗」。後來善良和邪惡、光明和黑暗竟混雜在一起，這個就「第二際」。而「第三際」，就是光明終於戰勝了黑暗，善良終於戰勝了邪惡，而最終審判到臨。那麼第三際甚麼時候出現，使光明終可戰勝黑暗呢？就是當明王出生的時候。所以他們的領袖就叫明使，或者明尊，而且分為左右兩名。明使下面有五大光明使，具有如妙風、妙火等銜頭。這一部分金庸《倚天》的描寫大概和史實相去不遠。不過，他們其實不會用火焚燒教眾的遺體，因為這樣會被視為褻瀆聖火。真正的明教喪葬儀式是將遺體全部分割，然後讓禿鷹啄食，做法類似天葬。

明教徒還有一些特點，例如穿戴白衣白帽、星期日必須茹素。由於他們拜的神其實是耶穌基督和牟尼，造像全都是西方人士模樣，在當時見識世面不多的百姓眼中，就好像魔鬼，所以就有「明教中人食菜事魔」的傳聞不脛而走。其實明教徒之間很是講求互助，是以大家每逢初一十五就要捐獻，如果有教友生病，出手襄助更是義不容辭。這種不計代價、互相扶持的風氣在民間的影響很大，特別是在災荒連連的元末，使許多絕望中的百姓得見一絲曙光和實質的救濟。朱元璋也就成為其中一員了。元朝最初是任由明教自由傳教的，後來覺得明教這種團結人心的威力可以是一種禍根，於是就開始禁止。

朱元璋出外三年之間，雖則是行乞，肯定與明教中人產生了密切關係。明教為甚麼會在中國出現？因為唐朝末年，回紇人有很多信奉明教，大家都知道在安史之亂期間，唐朝數次向回紇人借兵，於是明教就隨著回紇人傳到中原，但後來回紇人改了信回教，明教反而在中國得以保存下來。到了南宋，明教在中國的地下傳播是相當繁盛的，在福建就有四百幾座明教的教堂，所拜的神包括耶穌基督。

明末彌勒佛銅像，私人收藏。

明教教徒身穿白衣白褲，守齋吃素，有事的時候教徒之間會出錢出力、互相幫忙，被人欺負時更加會守望相助，那是明教的傳統。明教相信明王出世，其實那是吸收了基督教救世主的講法，也就是說將來明王出現之時，世界就會變回一個善良的世界，二宗三際變回善惡分明，善已克服了惡。

另一方面，明教又混合了彌勒佛崇拜。有一對對聯這樣說彌勒佛：「大肚能容，容天下難容之事；將口而笑，笑世間可笑之人。」彌勒佛又是甚麼呢？彌勒佛是大乘佛教諸佛之一，「彌勒」是梵文的音譯，漢字寫作「慈氏」，意思是一個很慈悲的人。他原是釋迦牟尼佛的弟子，也是他的繼任者，將在未來娑婆世界降生成佛，成為娑婆世界的下一尊佛，即是將來的佛祖。彌勒佛現在在哪裏？彌勒佛現在就在兜率宮裏面的兜率淨土，如果有人在那裏修行，就會很快得道。彌勒佛出世會怎樣呢？全世界都會變成淨土，即是現世界會成為一個完全美好的世界，老虎變得不會吃人，種一次稻會有七次收成，天空音樂飄揚、鳥兒飛翔，非常完滿。彌勒佛出世後還會渡化世人，在龍華三次法會入面，第一次會渡化

96億人，第二次94億人，第三次92億人，總共會渡化282億人，非常厲害！

其實這個彌勒佛，根本又是另一款救世主的故事。季羨林教授甚至推論説，彌勒佛的梵文Maitreya，與希伯來文救世主的名稱彌賽亞Masiah，很有可能是系出同源。公元前一千年左右，由西亞到北非，都流傳著關於救世主的信仰，猶太教只是其中之一，後來演變成基督教；又例如在伊斯蘭教出現前、在波斯佔主要地位的瑣羅亞斯德教，教祖瑣羅亞斯德會在他三千歲的時候再生出一個兒子，那個兒子就是能夠消滅所有魔鬼的救世主。明教還有第三種思想，那就是信奉阿彌陀佛。阿彌陀佛出現的時代比彌勒佛更早。彌勒佛主要是出現在瑜伽師地論，是屬於大乘佛教，而阿彌陀佛是在《阿含經》中的《長阿含經》出現，在大乘佛教之前就已經有這個阿彌陀佛了。阿彌陀佛是甚麼呢？他的真正意義就是無限光佛，無量光佛，或者無量壽佛。從前有些道士，見面就説聲「無量壽佛」，其實那是很滑稽的事，因為和尚見面會説「阿彌陀佛」，道士們於是有樣學樣，説句「無量壽佛」，以為與別不同；道士信的是道教，那就應該説句「真武大帝」來打招呼，而不應該説甚麼佛，更何況無量壽佛根本即是阿彌陀佛。那和尚見面又為何不説「釋迦牟尼」，或者「佛祖」，而是「阿彌陀佛」呢？

觀無量壽經變圖，現存於莫高窟第45窟內。此圖是根據佛經《觀無量壽經》所描述的西方淨土繪製：有七寶池，池中充滿八功砌成德水，池底鋪以金沙；周圍又有以金、銀、琉璃和瑪瑙等砌成的台階，遍植七寶樹，奇禽異鳥，美音縈繞。

佛祖在西方十億大千世界之外，即是大概十億個銀河系外面，有個地方叫西方淨土。即是甚麼呢？那就是阿彌陀佛許下的四十八個宏願，造成了這一片西方淨土。西方淨土是怎樣的呢？裏面有大勢至菩薩、觀音菩薩、七寶樓台，即是所有東西也是用七種寶物造成，包括金，銀，瑠璃，瑪瑙；有八功德水，那些水是清淨甜美，喝了後會消除貪念。在那裏修行完全不會被邪念侵擾，修行完一世後，就必定會成為佛。對普通人更為吸引的是，這個世界土地平坦，沒有崎嶇山陵；沒有晝夜，永遠在光明之中；寶樹成行，金沙佈地，物質生活的享受極為豐富，生活所需取之不盡，用之不竭。它距離我們十億個銀河系那麼遠，但是不要緊，誰一想到阿彌陀佛，在好像大海那麼大的蓮池八功德水中就會長出一株蓮花，你越想念，那株蓮花就越愈大，到你死去的一刻，阿彌陀佛就會來迎接你去西方淨土，在那裏修行，就會成佛，立即得到救贖。

根據原文，本來需要十念。十念是甚麼？就是十次想著阿彌陀佛，阿彌陀佛就會來接你去西方淨土。後來的人認為念力等同用口講，想十次阿彌陀佛，不如唸十聲「阿彌陀佛」，而人又不知道自己幾時死，與其在臨死前才唸十次「阿彌陀佛」，倒不如平時就不停說「阿彌陀佛」。淨土宗不只有西方淨土，還有幾個不同的淨土，例如剛才提及彌勒佛的兜率淨土，又或者藥師佛的琉璃淨土，這些淨土都是準備成佛的地方，去到那裏修煉就很容易成佛。明教就是將這幾種思想完全揉合在一起，對於鼓動人革命極有效用。找個人稱是明王或彌勒佛降世，在亂世當中，總會吸引到不少陷於絕望的人相信。有關淨土宗的思想，大家讀過日本歷史也知道，淨土宗的教徒會很勇猛地去打仗，因為覺得死了沒關係，遠離穢土，復歸淨土，死前只要念十聲「阿彌陀佛」，或邊唸著「阿彌陀佛」去衝鋒，戰死了就會去西方極樂世界。

朱元璋在外三年，在這三年裏面，他一定是成為了明教的教徒，以及認識了很多人，人也變得大膽起來。這時候明教其實分為東西兩支，東面那支教主叫韓山童，西面的叫彭瑩玉，是個和尚。朱元璋這個時候受了明教思想洗禮，認為有一日救世主會降臨，就可推翻這個腐敗的元朝，建立一個新世界。三年後，饑荒過去了，他就回去皇覺寺，又過了幾年，到了至元十一年，又發生旱災，另加黃河決堤。當時，丞相脱脱叫來工部尚書賈魯，叫他想辦法堵塞住黃河，否則河水泛濫，百姓就無法種田，但這個賈魯竟然反對。

6 石人一隻眼，挑動黃河天下反

為甚麼賈魯反對修河呢？他説因為中原那些漢人和南人其實常常想造反，如果把十幾萬人工人聚集在一起，萬一他們造反怎麼辦啊？脱脱偏偏不聽賈魯的説話，堅決動員十七萬民工，意圖堵塞黃河缺口。大家要知道，政府雖然撥了錢給工人做事，但是層層貪污，最下面的工人辛苦工作，仍沒飯吃，非常不滿。韓山童這個東邊明教教主，傳教已有四、五代之久，教徒很多，他編造一首童謠，説是：「石人一隻眼，挑動黃河天下反」。那些民工在黃河邊掘泥修堤，突然間真的掘到一個石人，那個石人又真是只有一隻眼，石人背上又刻有：「莫道石人一隻眼，此物一出天下反」。民工一看，驚訝極了，豈非傳言完全靈驗？於是一起揭竿起義。當然，那是韓山童一早埋進泥土讓人掘出來的，與秦末的陳勝吳廣起義時，叫人將一塊寫著「陳勝王」的布塞入魚腹、然後被人釣起一樣，事實證明「橋唔怕舊，最緊要受」，翻炒一千年前的舊橋仍然管用，所以我們讀歷史是多麼的重要！十七萬民工造反，就燃起燎原之勢，安徽河南全體響應。韓山童和他的手下劉福通，在白鹿洞找了幾千人，劏牛殺馬，歃血盟誓起兵，誰不知官兵來到，韓山童就被殺了。其他起兵的地方，有一支就在濠州，領頭的人叫郭子興，他就是日後提拔朱元璋的人。

郭子興也是明教教徒，但他不是窮人，而是個有錢人。郭子興的父親是一個出名算命師傅，而且相貌不錯，但他不是靠看相發達，而是娶了個盲眼的有錢女人做老婆。郭子興是他第二個兒子，因為多行仗義之舉，在地方上很出名。當時東邊造反起兵的集團，就有劉福通、芝麻李、彭大、趙君用等等。郭子興也是其中之一，他和孫德崖一起霸佔了濠州。這時候，朱元璋還是在做和尚，殊不知他所在的和尚寺被人燒了，因為元兵覺得和尚拜彌勒佛，就會勾結明教，所以有殺錯冇放過。同一時間，朱元璋竟然收到微時朋友湯和的一封信，叫他去濠州跟隨郭子興造反。

根據朱元璋的自述，那時候他還未想過要造反，只是想應逃難到哪裏去，還是守著那一家破寺。但是，不知為何，有人邀他造反這件事已經傳了開去，他的師兄就跟他說，如果他還不走，會很麻煩，所以他要馬上決定走還是不走。如何決定呢？他憑的是卜聖杯。大家知道聖杯有兩個筊，一邊是突起，一邊是平面，突起的是陽，平面的是陰，一卜出來，如果一陰一陽就叫做聖杯，兩個都是突起那面向上，就是陽，兩個都是平面向上，就是陰。朱元璋決定，如果全陽就走，一陰一陽便留。誰知一卜出來，是兩個純陰，又不叫他走，又不叫他留寺，那即是叫他造反了！他不信邪，再卜一次，又是陰；再卜第三次，更加邪，兩個直直站著。朱元璋覺得無路選擇，終於下定決心，北上濠州。

郭子興屬於東面的明教起義軍，在安徽和江蘇一帶起事的還有佔據徐州的芝麻李，以及奉韓山童的兒子韓林兒為主的劉福通。西面明教的起義軍完全是一個和尚所率領，他就是彭瑩玉，是個專業的革命人士，專門到處去鼓吹革命，一如長毛（梁國雄）很崇拜的哲古華拉，在古巴搞革命成功，又走去非洲剛果搞革命，最後轉到玻利維亞的叢林打游擊，最後被當地由美國中情局協助的軍隊逮捕槍決。這個彭和尚先在淮西一帶傳教叫人造反，然後去到湖北漢水一帶，發起了一支明教起義軍隊。這個彭和尚有說他最後死在湖北蘄水，有說他經過多番戰亂之後仍然生存，以後不知所蹤。東西幾路明教起義軍接連發難，朝廷負責收拾殘局的人，就是之前我說到主張修黃河的宰相脫脫。

脫脫的伯父，是元順帝初年權傾朝野的伯顏。伯顏原本派脫脫監視元順帝，怎料脫脫原來對這個伯父也極之不滿，後來竟聯合元順帝對付伯顏，成功將伯顏貶到河南，再貶到廣東，在南下途中就病死了。脫脫於是得到元順帝重用。到了明教幾路人馬造反，元順帝就任命脫脫親自率領大軍南下。他首先攻克了徐州，並大肆屠城，殺了芝麻李。這個芝麻李，其實名字叫李二，傳聞他將一倉的芝麻分發給貧民，叫大家造反，於是就有個外號叫「芝麻李」。脫脫在徐州屠城，令到各路叛軍都很害怕。劉福通向南撤走，脫脫一路追來，已經差不多追到去濠州，濠州人心惶惶，因為脫脫號稱率領百萬大軍而來，又聽聞元軍屠城、不剩活口，留下來肯定沒命，於是天天也有人逃亡。朱元璋偏偏在濠州最風聲鶴唳之際到達，濠州的士兵已成驚弓之鳥，精神緊張的程度就如習總來港那幾天的香港警察，甚麼人都會捉住盤問一番，見到有個生面口的「茂利」，當然捉住來審問。一問之下，朱元璋說是來參加郭子興的起義軍，士兵們完全不能置信——現在城破在即，個個準備逃亡，你卻說要參軍，是不是開玩笑？於是士兵們就報告郭子興，說他們發現一個奸細，請示之後就準備處死。郭子興就問，你們怎麼知道他是奸細？士兵們說：「在這個危急時候，怎麼可能有人來參軍？肯定是奸細。」郭子興自己走出去看看，眼前是一個樣貌很醜的和尚，聽到人家要殺他，他卻一點也不害怕，而且郭子興覺得他雙目炯炯有神，感覺他是很厲害的人物，於是親自盤問。一問之下，結果證實朱元璋真的認識自己手下的一個叫湯和的百夫長，於是就收容了這個和尚。

上面就是朱元璋起義的由來。簡單來說，朱元璋起義純屬因為走投無路，為了生存。歷代開國皇帝的出身當然會被神化，朱元璋也不例外，譬如說他一出生就紅光滿室，耀眼到甚至隔鄰左右以為他產下的那房間著了火；又說那三年行乞時，有兩個像是天兵天將的紫衣人一直保護著他，有一次他病得很嚴重，都是靠這兩個紫衣人救回性命。

7 朱元璋起義之始

清朝乾隆年間，史學家趙翼說朱元璋並非是個從小立志要一統天下之人，直到投身郭子興這一刻才正式造反。說到這個趙翼，就是他評說朱元璋是集聖賢、豪傑、盜賊於一身的千古人物。說這個人是聖賢，因為他非常勤力，又很節儉，很為人民著想，常常害怕人民沒有飽飯吃，此乃聖賢之行；他又是豪傑，帶兵打仗而能夠戰勝，豪邁大器，懂得善用人才；但他也是盜賊，因為他胡亂殺人，非常殘忍，而且又十分自私。所以說集聖賢、豪傑、盜賊於一身，歷史上少有人物可比擬。

朱元璋跟從了郭子興，表現得非常能幹，郭子興每次去打仗他都有「好橋」，打勝仗回來後，又有東西分，他亦

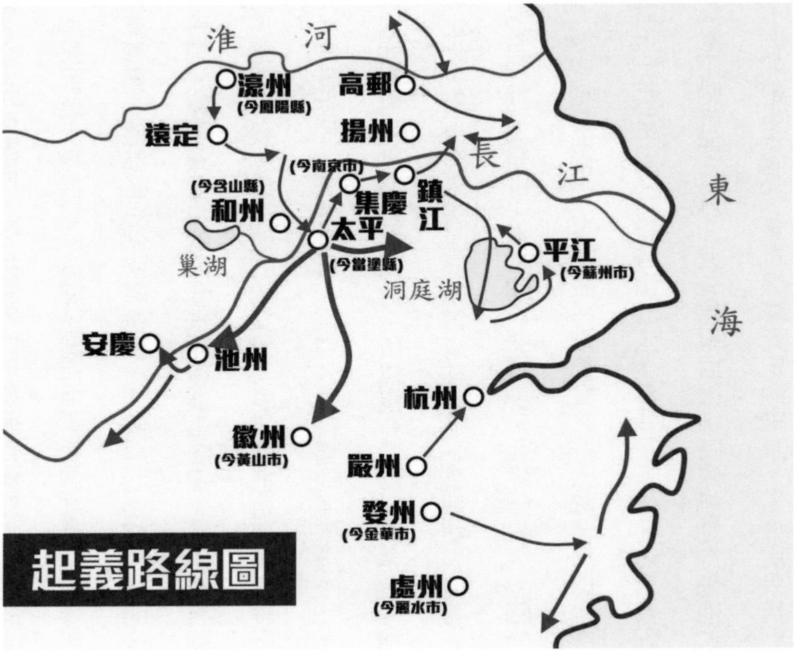

不會貪婪，有次郭子興碰到朱元璋的隊長，問及朱元璋如何，隊長説朱元璋是個百年難得一見的人才，於是郭子興就提拔朱元璋為自己的親兵，即是跟班，直接聽命於郭子興自己，這個就是朱元璋起家成名的基礎。郭子興有段時間吩咐朱元璋負責管數，他為了「做好呢份工」，就自我增值花時間去讀書認字，很快就學懂記賬，賬目交代得非常清楚。郭子興很快就擢升朱元璋為小隊長。郭子興有個好友姓馬，因為殺了人要逃難，就把女兒付託了給郭子興，成為他的乾女兒。郭子興把這位馬氏許配給朱元璋，就是後來的馬皇后。朱元璋娶了元帥的乾女兒，夫憑妻貴，軍中人人得稱他「朱公子」。不單是身份抬高了，馬皇后對朱元璋一生都有很大影響。她是婢女出身，所以沒有紮腳，於是有叫她做馬大腳。朱元璋當了皇帝後，有一次在皇城之外，看見有人畫了一幅畫掛在牆上，是個女人抱著一個西瓜，沒有穿鞋，露出了很大的一雙腳。朱元璋一看，大腳的女人再加上懷中抱著西瓜，等於説「淮西女人好大腳」，即是在嘲笑馬皇后，一怒之下就把整條街的人全部殺了。朱元璋常常因為這類事情動不動就要殺人，只有馬皇后很多時候能勸得動他，少殺一些，例如她後來救了負責編修元史的宋濂。馬皇后只活到

明朝官方馬皇后畫像，現存台北故宮博物館。

五十一歲，因為她生病之後不敢找醫生，害怕醫生醫不好自己，一定會給朱元璋殺了。馬皇后死後，朱元璋的殺人數字就直線上升。

郭子興本身有兩個兒子，一個叫郭天敘，一個叫郭天爵，另外還有一個女婿叫孫天佑，打起仗來都很勇武，所以朱元璋就算做了元帥的契女婿，地位還是低於這幾個人。

脱脱的大軍南下，卻不是去打濠州，而是去包圍高郵，守住高郵的人是張士誠。張士誠原名叫張九四，九月四日是他的出生日期，就以此為名。他有幾個兄弟：士誠、士義、士德。張士誠是賣私鹽出身，他很講義氣，也非常勇敢，那時候有些官員賒了他的鹽，不單不付錢，更去欺壓他，說他賣私鹽，還想勒索他，於是他就殺了那些官員起義。他的勢力發展得很快，不久就佔領了浙江一帶地方，以高郵作為他的據點。

張士誠打仗時很堅毅，決定死守高郵不退。元軍一時攻不下高郵，於是又分兵想攻打六合。六合這地方對防衛濠州很重要，於是郭子興派朱元璋去守六合。朱元璋用伏兵打贏了元軍的前鋒，然後立即叫人把元軍的馬送回去，並向元軍傳話，說他們其實是良民，不想和朝廷作對，只是被逼自保，現在把軍備送還給你，以示支持元軍剿匪平亂。朱元璋這緩兵之計很奏效，元軍之後沒有西進，繼續主力攻打高郵。

張士誠被包圍了幾個月，外圍城牆都破了，連張士誠自己都以為這一仗一定全軍覆沒，誰不知這個時候元順帝竟然罷了脫脫的官職。原來朝中有一個曾被脫脫貶官的人叫哈麻，他趁脫脫出外打仗，不斷施展手段，讓元順帝升他做副宰相（中書平章政事），然後再聯合太子和皇后彈劾脫脫，說脫脫打了這麼久，耗費糧草，又不能打勝。元順帝還因為脫脫攻陷徐州而封他為太師，結果現再又聽信讒言，罷了脫脫的官職，還把他貶去陝西，在途中哈麻再假傳聖旨叫脫脫自盡。這個脫脫是元朝最後一個能臣，他一死，朱元璋就說元朝再沒有人才，後來的確各地造反的情形更是勢不可擋。

朱元璋這時候在濠州，芝麻李屬下有兩支敗兵來投靠，率領的人是彭大和趙君用。郭子興很尊重彭大，但同駐濠州的孫德崖竟然走去跟趙君用講，郭子興看你不起，他眼裏只有彭大帥。結果有一日，郭子興在街上被他們二人綁架，紮到像隻糉子一樣，關在地牢裏，等待行刑處死。郭子興的兒子和女婿得到消息，全部不知如何應對，朱元璋立即通知彭大，彭大就帶兵去救郭子興，朱元璋自己也全身披甲率領郭子興的兵去救，把他救回。朱元璋成為郭子興的救命恩人，但郭子興反而眼見每個人都很尊重朱元璋，開始對朱元璋顧忌起來，經常責罰他，給他穿小鞋，有時候還會把他囚禁，不給他吃飯。這段時候，日後的馬皇后把燒好的餅放在心口，偷偷運入監牢給朱元璋吃，朱元璋才不至於餓死，但那些餅很熱，雖然隔住一層薄衣，仍把她的肉燙爛了，所以朱元璋後來雖然娶了許多妾侍，但馬皇后正室的地位一直沒有動搖。

朱元璋知道在濠州這樣浪費時間不是辦法，四個大將霸住濠州又不敢出城，號令不一，毫無大計，又易於生亂。於是他回到鄉下一趟，招了七百人回來，把這七百人交了給郭子興，只留下二十四個人給自己。有時候歷史的事情可能真的有天命所在，這二十四人當中，全都是幫朱元璋日後成就帝業的骨幹大將，包括了徐達、胡大海、花雲這些能征善戰之人

朱元璋得到郭子興的同意，再去定遠招第二次兵。首先他去到一個地方叫張家堡，張家堡又有個地方叫驢牌寨，驢牌寨那裏有三千兵。朱元璋只帶著幾百個兵，不敢輕舉妄動，於是再查探一下，發現他原來認識那個驢牌寨的首領，是他當年行乞的時候的難友。朱元璋就去驢牌寨跟那個首領相認，首領也表現得很高興，請朱元璋留下吃飯。朱元璋就叫首領投降，由他收編驢牌寨的三千人，首領二話不說就應允。怎料朱元璋回去之後，首領就反口了，朱元璋當然很生氣，但不動聲色，假裝請他來吃飯再商量一下，首領來到了，朱元璋就立即將他綁起來，然後親自去招降那三千人，這三千兵

就是朱元璋的第一桶金。他用這三千兵去攻打附近一個叫橫澗山的地方，那裏有兩萬元兵駐紮，統領的人叫繆大亨。這個繆大亨本來是和脫脫一起，從北方南下，想掃平江南之餘，順便擄掠，誰知脫脫死了，他不知如何是好，就駐在橫澗山不動。朱元璋發起突襲，繆大亨逃跑了，兩萬人幾乎全部被俘。朱元璋對著這兩萬人，沒有說甚麼民族大義，只是對他們說：我只有三千兵，你們有兩萬人，為甚麼一打起來，你們就全部被我捉起來？因為你們沒有紀律，而一支沒有紀律的部隊是每戰必輸，在這亂世注定沒有前途。現在你們誰人願意留下來聽我講，我便會教你們甚麼叫軍紀，這樣你們就會成為一隊有尊嚴的隊伍，之後能打贏仗，就能在亂世生存。

那些兵真的聽從留下來，成了朱元璋的嫡系隊伍。那個逃跑了繆大亨，後來再遇上朱元璋，不敵成為俘虜，就向他投降了。朱元璋覺得這個人做下屬其實也不太差，只可惜短命，很早就死了。現在朱元璋進化為上萬人的軍事單位，而且士兵的紀律很好，於是開始有不少人主動來投靠他。投靠的人當中，有兩個人更加帶兵來投，一個叫馮國用，一個叫馮國勝，但他們兩個人外貌相當斯文，完全是讀書人模樣。大家要記住這個馮國勝，朱元璋自封吳王之後，六個首先封為公的人，他就是其中之一，之後還替朱元璋帶兵打到遼東。在這個階段，第二個來投靠朱元璋的重要人物，就是李善長。有一日，朱元璋忽然感慨地說，現在天下這麼亂，打來打去，不知何時才可以平定。此時李善長在他旁邊，他就說秦末天下大亂，劉邦也只是一介布衣，以亭長的地位起家，但他為人寬宏大道，能夠聽從別人意見，容納人才，不嗜殺人，結果五年便稱帝。他說，朱公子你出生的地方是鐘離，和漢高祖出生的地方很接近，只要你能夠學習他，聽取別人意見，不要胡亂殺人，不要搶掠，這樣你也可以統一天下。這是第一次有人灌輸這種鴻圖壯志給朱元璋聽，他於是就開始重用李善長，尤其是他每次帶兵出外，留守的兵多數歸李善長統轄，日後開國封公的六人他也有份，而且是唯一以文人封公。朱元璋自封吳王後的第一個丞相，也是由李善長擔任。

朱元璋有了兩萬兵，下一步就去打滁州。這個滁州不是徐州，在今日的安徽省東部，東面是揚州，西面是合肥，南面跟南京只相距五十公里。歐陽修寫的《醉翁亭記》，大家當然都記得「醉翁之意不在酒」這一句，但文章開首就是說「環滁皆山也」，就是在說這個滁州。那裏四面都是山，地勢十分險要，易守難攻，只是那個守將很弱，朱元璋一戰就拿下滁州。攻陷滁州之後，又有不少人來投靠朱元璋。

這裏要再說說朱元璋的家事。朱元璋排第四，他的大哥和大哥的兒子在至正十一年（1351年）

死去，二哥當時還在生，三哥則入贅別處人家，不知去向。這時候他的二嫂帶著兒子來投靠他，這個朱元璋的親侄叫朱文正，朱元璋把他當作親生兒子一樣，日後與陳友良決戰時，演出關鍵的一幕。

第二個就是他姐姐的兒子，就是李文忠，他可說是個天才將領；他又收養了一個姓沐的小孩，就是後來的沐英。朱元璋手下沒有幾個人能有好下場，沐英是例外的一個。沐英後來平定雲南，朱元璋讓他世代鎮守該地，沐英的後人也真的為明朝鎮守雲南到明朝亡國為止。朱文正和李文忠都是朱元璋的契兒子，後來朱元璋總共有二十幾個契兒子，那時候契兒子叫「舍人」，即是小爺的意思。「舍」是公館，「舍人」就是在公館裏面的人。朱元璋日後每次派大將出征，都有他的契兒子負責監軍，監視那些大將。有一次，大將胡大海與負責監軍的李文忠鬧不和，朱元璋就派人去調解，說李文忠是我契兒子，與我親兒子無異，胡大海你是我的心腹，我的心腹和我的骨肉不能好好相處，我整個人怎會舒服？

朱元璋在滁州，下令所有大將的老婆和子女都要住在滁州城裏，受到他的監視。大將在外行軍太久，就批准他們娶妾侍，但大老婆和子女則須長期留在他手上作為人質。在滁州整頓過後，朱元璋的兵力又大大增加，兵力已經不少於郭子興。這時候在濠州，跟郭子興友好的彭大死了，趙君用和孫德崖聯手排擠郭子興，郭子興於是突然率軍來到滁州。朱元璋怎樣做？他毫不猶疑地把滁州的兵權交給郭子興，雖然不知道朱元璋是真心還是假意，但至少表面上人人同意他非常尊重郭子興，不會因為自己實力豐厚了，就立即「反骨」。

滁州畢竟是個小城，郭子興帶來的軍隊加上朱元璋原有的士兵，立即構成「土地問題」。這時脫脫死了，元朝沒有空閒再派兵南下，於是朱元璋可以放心擴充地盤。朱元璋決定去攻打和州，最初很順利地攻下了和州，怎料這個時候孫德崖在濠州站不住腳，竟然率領幾萬兵來到和州，要在和州駐屯。朱元璋心想，不讓他留下來，就要和他開仗，怎樣說大家都是「反對派」，打起來沒有好處，於是由得孫德崖留下。郭子興聽説朱元璋在和州竟然收留自己的仇人，就立即怒氣沖沖趕來和州。

朱元璋在和州跪地迎接郭子興。郭子興一來到，就問朱元璋知不知罪，朱元璋就說，孩兒有罪不會逃走，任由岳父處決，但我們自己家事可以慢慢解決，外頭的急事卻需趕快處理。郭子興問有甚麼急事，他説孫德崖帶了這麼多兵來到這裏，如果我們不好好處理，結果會互相殘殺，只鬧得兩敗俱傷，所以要好好處理孫德崖，最好就等他自願離開，和平解散，那就皆大歡喜。

郭子興雖然同意朱元璋的講法，但自己卻又和軍隊留在和州。郭子興知道自己和朱元璋的兵加起來比孫德崖的兵為多，於是常常想找機會對付孫德崖。孫德崖日夜擔憂，終於有一日去見朱元璋，說你外父為人胸襟狹窄，容不下我，我還是離開，去別的地方發展了。朱元璋雖然盼到他說這一句，但怕他軍隊軍紀不好，大軍開拔之際會出亂子，於是就建議先親自護送孫德崖的軍隊出城，孫德崖留在城裏，等到他的軍隊在外面安頓好，再出城與軍隊會合。

孫德崖答應了。朱元璋陪著他的軍隊剛出城不遠，有人急急跑馬來向朱元璋報告，郭大帥趁孫德崖沒有軍隊在身邊就捉住了他。朱元璋一想，大事不妙，現在自己就在孫德崖的軍隊中，軍隊如果知道主帥有甚麼「冬瓜豆腐」，一定會拿自己祭旗。朱元璋二話不說立即策馬逃走，怎料孫德崖軍中有人行動很快，一槍就刺中朱元璋的馬，朱元璋跌下馬來，被捉住了。

孫德崖的士兵當然嚷著要殺朱元璋，朱元璋叫他們先不要殺他，先查清楚他們元帥的情況，再殺也未遲。於是軍中派人回城中看看，見到孫德崖給上了枷鎖，人倒沒有受傷，郭子興則在旁喝酒。於是大家就討論如何交換人質。在這時候，徐達挺身而出，說大家都知道朱元璋很重視我，由我代替朱元璋留在這裏，朱元璋回去要求郭子興釋放孫德崖。雙方同意按照計劃執行，郭子興雖然很想報仇，但最後還是覺得為了報仇而犧牲朱元璋的代價太大，於是也讓孫德崖走了。然而郭子興真的很小器，之後常常後悔為何不一早找機會殺掉孫德崖。這件事過了沒多久，郭子興就病死了。

第二章

梟雄對梟雄

梟雄對梟雄

第二章

朱元璋和陳友諒，一個世代務農，一個父親打魚為生，在群雄並起的亂世中，成為逐鹿中原的對手。陳友諒弒主奪權，率領水軍橫行江南，是朱元璋霸業路上唯一的真正威脅。最後兩人動員近百萬人，在鄱陽湖打了場歷史上最大規模的水戰，結果以陳友諒兵敗身死、朱元璋成為大贏家告終。

1 朱元璋攻佔應天

孫德崖知道郭子興死了，就等朱元璋率兵渡過長江之後，領軍去打滁州，結果死在吳禎和胡大海手上，但那是以後的故事。須知道朱元璋並非郭子興一死，就接收他的全部軍隊、擁有統轄大權。郭子興奉韓林兒為皇帝；而韓林兒的政權以宋為國號，這可見於他們戰旗上的一副對聯：「虎賁三千，直抵幽燕之地；龍飛九五，重開大宋之天」。韓林兒的年號是「龍鳳」，所以史書上多稱韓林兒的朝廷為「龍鳳政權」。不過韓林兒只是個傀儡，起初由一個叫杜遵道的人擔當丞相，獨攬大權，後來他被劉福通殺了。郭子興本是龍鳳政權的都元帥，他去世之時，杜遵道還是丞相，於是將郭子興的次子郭天敘立為都元帥，再封郭子興的妻弟張天佑做右副都元帥，作為第二把交椅，而朱元璋就排第三，做左副都元帥。然而朱元璋在軍中的聲望，當然比他兩位名義上的上司為高。

除了常常打勝仗，朱元璋還懂得很多籠絡手段，在軍中樹立很高的人望。話說當日由滁州出發攻打和州之時，除了朱元璋之外，郭子興還派出了幾隊人馬。郭子興把朱元璋叫來，將一個令牌交給他，說攻克和州之後，其他幾隊人馬都歸你統領。進入和州之後，朱元璋和其他幾隊人馬的將領開會，那些將領在開會之先，就只顧得爭位坐。因為中國傳統右邊比左邊尊貴，結果逼到朱元璋坐到左邊最末尾。朱元璋沒有出聲表示甚麼，也沒有將郭子興的令牌拿出來，靜靜聆聽這些人討論問題。有關入城之後糧草如何調配、士兵如何佈防、怎樣安撫民眾，這些人全都說不出一個所以然。等到他們終於開口問朱元璋，朱元璋一口氣、滔滔不絕說出他的意見，將問題逐一解決，令到那些將領不得不佩服。朱元璋又提議各人負責修復一段城牆，用三日完成工作。結果三日之後，只有朱元璋負責的那段城牆修好，朱元璋這時候才在諸將面前亮出令牌，說郭元帥命令我統領你們，大家說修城牆，結果修不好，其實我可以治你們罪。那班將領又驚又怕，從此以後都不敢逆朱元璋的意思，朱元璋就是這樣在郭子興的軍中樹立了很高威望。

朱元璋由濠州到滁州、和州，活動範圍都在今日的安徽境內。安徽的問題是缺乏糧食，除了因為當時戰亂頻生，地理因素也有關係。安徽本身雖然地近淮河和長江，在合肥又有巢湖，但這些水資源只有利於安徽西部的農業生產，朱元璋起初活躍的安徽東部，卻旱災頻頻。在中共政權下的大躍進時候，四川是餓死最多人的省份，但若以人口比例計算，安徽餓死人的百份比是全中國最高的。這時哪裏會有糧食呢？過了長江，到江南就有，因為那時候戰火還沒有嚴重波及到江南地區。於是朱元璋開始計劃過江佔領集慶。元朝的一級行政區劃是行省（全名是行中書省），行省下設有道，道下面再設有路；集慶是江浙行省下面的集慶路，而集慶路城，就是現在的南京。南京是六朝金粉地、金陵帝王州，朱元璋這時候選擇奪取南京，雖則是為了解決糧食問題，但也顯示是出這個時期的朱元璋已經其志不小。

朱元璋要過江，就得經過采石。采石有兩件事出名。第一件相傳這是李白酒醉捉月溺死的地方，第二件是南宋初期發生的采石磯大戰，虞允文在這裏大敗金朝皇帝完顏亮。

就在計劃如何攻打采石的時候，有一個日後起了關鍵作用的人物來投靠朱元璋，那就明朝開國第一猛將常遇春。常遇春一來到，就要求朱元璋讓他做先鋒，用踢足球做比喻，就是一個默默無聞的人，一去到巴塞，就說要取代美斯做前鋒一樣。當時朱元璋常用花雲或胡大海做先鋒，尤其是花雲，史書說他膚色黝黑，體貌魁梧，這個黑先鋒有一次與朱元璋單騎在外，突然遇到幾千敵兵，花雲竟然二話不說，就一個人揮劍策馬向敵軍衝去，竟嚇得敵兵立即退走。朱元璋望著常遇春這個年輕人，怎知道他是不是口頭勇武而已，當然沒有立即答應他。

而且要攻采石，誰打先鋒都不是要立即處理的問題，朱元璋先要想辦法弄一隊水師回來，沒有水師就無法渡江。恰巧這個時候，巢湖的水軍來投靠朱元璋。巢湖的水軍原本是巢湖的民間組織，用作保衛鄉里，無論是起義軍還是元軍，來到巢湖都會被他們趕走，所以他們就被稱為「巢湖水寇」。在這些來投靠的巢湖水寇當中，日後對朱元璋最重要的一個人是俞通海，他是打水戰的能手，日後在江南與陳友諒大打水戰，他立了很大的功勞。他自己在朱元璋稱帝之前就死了，他還有兩個弟弟，在洪武年間仍繼續替朱元璋領兵打仗。於是朱元璋終於有了第一隊水軍，他立即點齊人馬，到巢湖上船，等到水漲之時，就出長江，向采石進發。

朱元璋的部隊需要由江上涉水搶岸，但采石岸邊有像堤壩的城牆，元軍居高臨下攻擊，開戰不久，朱元璋各隊人馬都傷亡嚴重。這時候，朱元璋轉頭看見常遇春仍未上前進攻，就對他說，你不是說想做先鋒嗎？現在就讓你大顯身手。常遇春立即坐快艇挺著長槍衝向堤岸，有元兵抓住他的長槍，他竟然借力一躍，就跳到堤岸上，隨即將上面的敵軍殲滅得乾乾淨淨，朱元璋立即命令部隊乘勢衝上岸，就這樣攻陷了采石磯。

朱元璋在采石沒有停下來，立即揮軍佔據了太平路。太平這地方，即是現在的當塗，在南京的南方。朱元璋和其他民兵領袖不同的地方，就是他懂得尊重讀書人，吸納很多地方的大儒做自己手下，這是非常重要的，因為讀書人通常是地方的輿論領袖，你收服了當地的讀書人，當地的人就會較願意服從你。在攻下太平這個時候，就有兩個後來對朱元璋很重要的讀書人歸順了他，一個是陶安，一個是李習。尤其是陶安，朱元璋一直很尊重他，稱帝之後曾經賜他這副對聯：「國朝謀略無雙士，翰苑文章第一家。」說他是國士無雙，極其看重陶安。那陶安究竟教了朱元璋甚麼？原來朱元璋一到太平，他和李習就教朱元璋不要濫殺人，不要燒人家房子，要爭取民心，然後一定要佔據集慶城。那時有不少將領眼見過了江，由采石走到太平，已經搶到很多糧食，就嚷著要返回和州，因為原本大家就是為了搶糧而渡江，而且家眷都在和州，大家都想立即讓家裏的人有飽飯吃。但陶安和李習說，集慶城是江南的重心，有了集慶城，退則可割據江南經營，進而可爭天下。朱元璋言聽計從，立下決心準備去進攻集慶城。大家不要以為朱元璋很容易下這決心，他有雄心壯志，但在這個時候還沒有想到當皇帝那麼遠，因為他性命也是朝不保夕，他先要解決江南的元軍水陸兩路對太平的反攻。

元軍水路由蒙古人蠻子海牙率領，他以巨舟停在采石對開的江面，截斷朱元璋回和州的路線。陸路則由一個漢人將領陳野先帶著幾萬人馬圍攻太平。這時候朱元璋的形勢其實很危險，但這一次的危機處理，證明他是個行軍打仗的一流指揮，雖然後來他越來越少在前線指揮大軍。他決定先解決陸路的攻勢。面對差不多、甚或超過自己兵力的陳野先部隊，朱元璋竟然並非集中兵力與敵軍決戰，而是夠膽派徐達、鄧愈與湯和，分兵繞到陳野先大軍背後，接著朱元璋的主軍埋下伏兵，等陳野先率兵來到，中伏後退時變相自己走入徐達等人的包圍圈，然後朱元璋再指揮原先的伏兵和徐達等人前後夾擊，陳野先最終被俘投降。

陳野先投降之後，立即向朱元璋輸誠，拍心口說可以帶路去打集慶城。怎料朱元璋已經把這個陳野先的底細查得清清楚楚，知道這個人會隨時作反，回去元朝做官。大家想想朱元璋會怎樣做？他非但沒有殺陳野先，還叫他帶著郭天敘和張天佑去打集慶城。

郭天敘和張天佑隨朱元璋渡江，理論上郭天敘才是軍隊的總帥，但幾場仗打下來，都是朱元璋和他的部將建功，郭天敘自己心知肚明，在他父親留下的軍隊之中，越來越少人當他是真正的主君。於是當他一聽陳野先要帶路打集慶城，就跳出來說要跟舅舅張天佑帶兵攻城，務必要以戰功立威。朱元璋簡直求之不得，恭恭敬敬送別兩位老細，祝他們得勝回朝，實際上是借刀殺人。

郭天敘和張天佑本身都頗為勇猛，但到集慶城下攻了一輪，陳野先的部隊根本在放軟手腳，哪會打得贏。他們退兵休整，陳野先請郭張二人到自己營中商討軍情兼吃飯，二人不疑有詐，結果當然是被陳野先殺了。但這個陳野先殺了二人不久，就遇到元軍的攻擊，兵荒馬亂之際，竟然未及向元兵表達投誠之意，就被殺了。陳野先有個侄兒叫陳兆先，他收集了殘部，屯駐方山。日後這個人會再出場。

朱元璋收到郭天敘已死的消息，上報給韓林兒的朝廷，韓林兒就正式任命他統領郭子興留下的全部軍隊。朱元璋於是改編部隊，在軍中建立新制度，設置太平興國翼元帥府，任命李善長為帥府都事。其實郭子興還有個小兒子叫郭天爵，韓林兒也有給他封官，但官階自然是低過朱元璋。這個年輕人竟然還妄想從朱元璋手中奪權，結果一年之後就給朱元璋借故殺了。郭子興有兩個妾侍，一個叫大張夫人、一個叫小張夫人，小張夫人有個女兒，朱元璋以「食得唔好嘥」，收了她做妃嬪。於是郭子興的女兒，就得侍奉自己父親以前的隨從。

經過這麼多事情後，朱元璋就要著手收拾蠻子海牙的水軍，重新打通往返和州的交通。這一場水戰，立大功的是常遇春和俞通海。首先常遇春又是坐快艇進攻，竟然將元軍的船隊一分為二，然後俞通海率領水鬼敢死隊，殺入元軍水寨，結果朱元璋大獲全勝，蠻子海牙糾集殘軍，與之前我們提到的那個陳兆先會合，企圖守住集慶城。

在講朱元璋攻取集慶之前，先講講這個時候的天下形勢。韓林兒的龍鳳政權，原本當權的杜尊道被劉福通殺了。劉福通統領東路的紅巾軍，眼見脫脫死了，於是他就分兵四路北伐，去打陝西、山西、山東和河北。那時候紅軍的聲勢非常浩大，差一點可以打到大都去，令元朝覆亡，而劉福通自己帶兵打入汴京，以汴京為首都。在江南，朱元璋只有太平這一小塊地方，南面是元軍、東南面有方國珍、東面有張士誠、西面則有從西路紅巾軍發展起來的徐壽輝。徐壽輝本來是一個布販，因為樣貌出眾，擁有一副領導人的氣勢，於是被推舉做皇帝。但他是個典型的繡花枕頭，沒頭腦一肚草，大權很快就被自己委任的太尉倪文俊架空。倪文俊有個屬下叫陳友諒，他就是日後與朱元璋爭霸的最大強敵。徐壽輝等人在湖北起事，改了個年號叫天完，所以有史書就稱呼徐壽輝的朝廷做「天完政權」，一如稱韓林兒的朝廷為「龍鳳政權」一樣。「天完」這兩個字有甚麼意思？那就是「大元」二字之上再加多兩筆，就如兩頂帽子覆蓋著，即是現在他們的威勢足以覆蓋住元朝了。不過我相信大家看到「天完」這兩個字，第一眼都很難猜到他們的意思，反而最快想到的是完蛋，讀過書的人，才不會用一個意頭這麼差的年號。果然元軍一到湖北，他們就吃了大敗仗，然而他們沒有即時完蛋、向南撤退，反而佔領了湖南和江西，拓展了地盤。

元朝朝廷方面，脫脫死後，天下大亂，局勢十分嚴峻，於是就找了第二個人統帥三軍，這個人叫察罕帖木兒。《倚天屠龍記》當中這個人也有出場，是趙敏的父親。他是由中下級軍官一路升上來，的確能征善戰，將劉福通各路北伐軍個別擊破，最後還從劉福通手上奪回汴京。《倚天》寫趙敏還有一個哥哥叫王保保，史實中王保保的蒙古名字是擴廓帖木兒，是察罕帖木兒的外甥兼養子，將來他跟明軍多番交手，有次在沙漠幾乎打敗徐達，那一仗令明朝軍隊死了幾萬人。在蒙古人當中，朱元璋最看得起就是這個王保保，說他「真男子也」。

朱元璋終於親自進攻集慶城，蠻子海牙與陳兆先合兵一處，在集慶城西南不遠的江寧鎮和朱元璋決戰，結果朱元璋這一仗俘獲陳兆先，有三萬多人投降，蠻子海牙逃了出來，投靠張士誠。這裏要說一個非常有趣的小故事。陳兆先這三萬多人投降給朱元璋，他們很害怕，因為追根溯源，郭天叙和張天佑是死在他們手上，怕朱元璋會報仇。朱元璋一則不會報仇，感謝他們就差不多，二則希望他們完全歸順自己，成為攻取集慶城的戰力，於是朱元璋只是率領五百人，走進陳兆先軍隊的大營入面，佔領了中間的營帳，在那裏呼呼入睡，一整晚鼾聲大作。陳兆先和他的部眾，見朱元璋對他們剛投降過來的人竟然如此放心，就大為感動。這一招其實漢光武帝曾經用過，就是推心置腹——皇帝推赤心入我腹中，先表示信任，別人也就對你信任。朱元璋在年輕時候其實讀書不多，他是讀了劉秀這個典故才懂得這麼做，還是自己想出來，那就無從稽考了。陳兆先日後的確很賣力，致在鄱陽湖一役戰死。

接著朱元璋圍攻集慶城，不到一個月就把它攻下了。朱元璋照舊招降納叛，有一個叫康茂才的守將願意投降，到了陳友諒大軍攻打應天時，他是個關鍵的角色，我屆時再講。在讀書人方面，朱元璋在太平收納了陶安和李習，進入集慶後，也吸收了兩個很重要的人，那就是孫炎和楊憲。楊憲在朱元璋稱帝後，最高位做到中書左丞，是宰相次一級的大官。朱元璋尊重讀書人的意見，使更多讀書人願意投靠這個出身卑微的農民軍領袖。要知道農民軍的本質，是因為沒飯吃而造反，所以每當攻佔了一處地方，第一件事就是搶糧；既然搶了糧食，那當然順道再搶錢搶女人了。每到一處，搶掠一光之後，自然很快又會缺糧，於是又去搶另一處。掠地而不治地，民心自然不會歸附，直至幾百年後的太平天國，還是這個老問題。朱元璋很聽讀書人的話，嚴格命令軍隊，如果進攻某處地方，那裏不抵抗就投降的話，就絕對不准殺人，不准打劫，不准強姦婦女，不准搜刮糧食；就算那處地方有所抵抗，攻陷之後也只准搜刮糧食而已。朱元璋軍隊軍紀一流，很快就傳遍各地，當地百姓一見朱元璋的軍隊來到，都樂意投降，這大大加快了明朝統一天下的步伐。

2 高築牆、廣積糧、緩稱王

朱元璋又改集慶路為應天府，於是南京歷史上除了金陵、建業、建康之外，又多了「應天」這個名字。大家都知道，改名對中國人而言，是一件很重要的事，這就是荀子所說「名不正則言不順」。朱元璋這時候，不單只是吹噓自己順應天命，同時也是向部屬說，跟著我就是奉天承運，既然天命和運勢都在我們這一邊，大家日後打仗就不用再害怕。

鎮海樓，現為廣州博物館，位於廣州市越秀公園，明朝洪武十三年（1380年）永嘉候朱亮祖始建，是中國南方少有得以保存的洪武年間建築。建築有雄鎮海疆之意，故名鎮海樓。民國時期再被桂系軍閥毀壞，1928年重修時，將樓內木結構改為鋼筋混凝土結構，磚石牆壁基本為明代舊物。

所以朱元璋又將自己的元帥府，改名為「天興建康翼統軍大元帥府」。朱元璋繼而親自去拜訪應天當地另一個出名的讀書人，他的名字叫朱升。朱升是安徽黃山人，與朱元璋沒有親戚關係。朱元璋拜訪他的時候，他已經接近六十歲，在洪武三年（1370年），七十二歲時候去世。朱升教了朱元璋九字真言，相信大家都會聽過：「高築牆、廣積糧、緩稱王」。

第一，「高築牆」，即是把城牆築好。因為亂世中不能坐以待斃，要常常主動出擊，軍隊的主力去了進攻，你有堅固的城牆，只需用較少的兵力就能夠防守，有亂事也可以死守苦撐待變。第二，「廣積糧」，儘量多儲糧食，所謂「三軍未動，糧草先行」，進攻要糧，防守更要糧；圍攻別人時，你有糧草，就不怕最後一刻功虧一簣，守城時，糧食的份量更加等同城池能夠防守的時間。第三，「緩稱王」，千萬不要貪過癮稱孤道寡。元朝其實很笨，誰人稱王，尤其是稱帝，它就一定去攻打，因為秦始皇以來所形成的大一統心態，就是「天無二日，民無二主」，如果你不稱王稱帝，朝廷就覺得你只是個小盜賊，可以不理，但一有人通報上去說有人稱王或稱帝，就一定要剿滅，否則朝廷沒面子，群眾也會覺得朝廷軟弱，於是就有更多人膽大起來作反。所以韓林兒自稱「大宋皇帝」，元朝就全力去剿劉福通；另外，張士誠也是元軍的攻擊目標，因為他自「大周皇帝」，年號天佑。劉福通在北面，張士誠在西面，只要朱元璋低調一點，不急著去稱王，劉福通和張士誠就會成為擋箭牌，於是朱元璋可以趁機擴充地盤。

朱元璋要「廣積糧」，那又如何在短時間做到呢？朱元璋的方法，並不是毛澤東那套「人有多大膽，地有多大產」，人家朱元璋搞的是「屯田」。元末天下大亂，人口銳減，於是很多地方有田無人耕。朱元璋這時候有號稱十萬大軍，他把田地分派給軍中每一個人，然後又對領地的居民説，如果你從軍的話，政府同樣會分田給你，這些田以後都不會向你抽税，農閒之時，你就必須接受軍訓，軍官會選擇訓練中表現得好的人，編成精鋭外出打仗，其餘的人則在敵人攻擊之時，全部召集起來守土護城。這就是屯田制度。朱元璋在屯田的基礎上，慢慢建立起嚴密的軍事系統，後來就形成日後明朝的衛所制度。一個「衛」大概有五千人，下面的「所」大概有三百人，最低層的單位叫軍戶，這些軍戶不用交税，但要派出一個兒子來當兵，平時接受訓練，成績最好的就挑出來行軍打仗，當然有兒子外出打仗的軍戶，更會有特別的優待。朱元璋後來常常誇口，「吾養兵百萬而不用百姓一文錢」。唐朝的府兵制與明朝的衛所制也很相似，但府兵制是全民皆兵，衛所制則是把部分人特定為軍戶，必須父死子繼，代代為兵。朱元璋把其他職業也搞到變成世襲制，有如印度的種性制度，所以明朝另外還有工戶、技戶、商戶等等，還有一些地方或低級的官吏，都是世襲的。

日後證明，屯田大大幫助朱元璋統一全國，因為糧食永遠都供應充足，士兵有自己的田地要守護，就變得很忠心，受到攻擊的時候就不容易投降。屯田的老祖宗曹操，他可不像朱元璋那樣一帆風順，吃過幾次大敗仗，當時割據四川的軍閥劉璋，他的首席參謀張松就曾當面嘲笑曹操：「丞相驅兵到處，戰必勝，攻必取，松亦素知。昔日濮陽攻呂布之時，宛城戰張繡之日；赤壁遇周郎，華容逢關羽；割鬚棄袍於潼關，奪船箭於渭水：此皆無敵於天下也。」但勝敗乃兵家常事，曹操從來不會兵敗如山倒，因為他守得住領地，他的人民有足夠糧食，又有足夠的訓練，而且人民對他很忠心，所以建立一套好的制度或系統是多麼重要，不是有隊勇武的兵，就能成事。放諸今日，雖然不是行軍打仗，就算搞政治也是一樣。例如在香港參加選舉，如果政黨有做地區工作，就算這一屆選輸了，也不會兵敗如山倒。以民主黨做例子，2012年的那一屆選舉，被當時的人民力量狙擊，結果連新界西這一塊多年經營的地盤都輸了。當大家那時候都以為民主黨會開始沒落、會被公民黨取代成為泛民的龍頭大黨，但民主黨始終是擁有最多區議員的泛民政黨，仍然有地區票做基本地盤，加上有乳鴿區議員上場接班，到了2016年選舉，又再能夠贏得五區每區一席，再加兩席超級區議員，道理也是一樣。

朱元璋進入應天之後，可沒法好整以暇，很快又要再派兵出征，因為那時候應天強敵環伺，朱元璋必須進佔應天的周邊地區，才能安心經營應天。譬如元將定定就有一支大軍駐在應天東面不遠處的鎮江，另外還有不少元軍分別駐在應天南面的徽州（今安徽黃山市）、處州（今浙江麗水）、婺州（今浙江金華）和衢州。在東面張士誠已經佔領了平江（今蘇州），東南面是方國珍的浙江地盤，東北面的揚州則被一幫叫青衣軍的人馬所佔據。甚麼是青衣軍？青衣軍是元軍的半獨立部隊。我們一直在說元兵，但元兵不等於就是蒙古兵，甚至在元末的軍隊中，幾乎已沒有蒙古人當兵，主要士兵都是漢人。因為蒙古人入主中原幾十年，已經是統治階級，通常不會再做馬前卒。那麼士兵從何而來？原來都是北方那些豪強的地方部隊。所謂豪強，就是地方大族，一如香港的原居民。他們在戰亂時，就築起了一個個堡壘自保，但會跟當權者合作，這個情況最早出現在五胡十六國時代，到了南宋的時候，地方大族同樣為了保住家族利益，而去與金人和蒙古人的政權合作。到了元末，元朝徵召那些地方部隊打仗，青衣軍就是其中一支部隊，叫青衣軍是因為他們身穿青色的衣服作戰。元朝本身內鬥不斷，軍事號令不一，青衣軍視乎情況，對己有利，才會聽元軍的命令行動，其他時候就自己趁亂打劫，這時他們就佔領了揚州。這個青衣軍出名紀律差，還傳聞他們的主帥喜歡煮食人肉。相傳朱元璋後來攻陷揚州時，揚州城內只剩下十八戶人，那是揚州城被圍缺糧，青衣軍為了充饑所吃剩的十八家人，所以之後揚州有一條十八家巷，就是當日倖存那十八家住的地方。

於是，朱元璋決定先取鎮江，但他吸納了許多降兵，擔心軍紀不好，就決定做一場大戲：大軍出征鎮江途中，他突然把徐達五花大綁起來，說要殺徐達，所有將領都大驚，因為眾所周知，徐達是朱元璋最信任的頭號大將，大家立即跪地求情，問元帥徐達究竟犯了甚麼事。朱元璋說他收到徐達軍隊在外搶劫的報告，徐達明知他最痛恨軍隊搶掠百姓，竟然管不好自己軍隊，即是存心不給他面子，當他說話是耳邊風。所有將領都紛紛求情，說徐達沒有這個意思，朱元璋趁機就說，如果在場所有人都保證，以後都會管好自己的部屬，嚴禁對平民姦搶燒殺，他才赦免徐達。大家當下立即滿口子應承，同時暗自心驚，想到連徐達這樣的心腹，朱元璋也會因為軍紀問題大發雷霆，如果犯事的是自己，命仔九成九都凍過水。

大戲做完，朱元璋順利奪得鎮江，殺了元將定定，再趁機將鎮江周邊的地方攻下來，那就無可避免與張士誠的勢力相接。張士誠那時在高郵，被脫脫圍攻而大難不死，他亦一路擴充勢力，江蘇一帶是當時全中國最富庶的地方，結果全都落入張士誠手上。張士誠想趁朱元璋在鎮江未站穩陣腳就發起進攻，朱元璋派徐達和常遇春應付，雙方打了好幾仗，才能夠趕走張士誠。朱元璋知道，他此時沒有足夠實力與張士誠全面開戰，所以他寫信給張士誠說，大家不如講和，彼此都是受蒙古人壓迫才起來造反的基層人民，元朝才是大家的共同敵人，我們互相殘殺，最後只會兩敗俱傷。但張士誠壓根兒看不起朱元璋，所以很傲慢的傳話回去，說你乖乖的將鎮江交出來才可談判，因此講和不成。

另一邊廂，在朱元璋上游的天完帝國，徐壽輝人在武昌，但朝廷被倪文俊控制。倪文俊派出一個手下，攻下黃州（今湖北黃岡）和江州（今九江市），這一個人，就是唯一一個差點令朱元璋覆滅的對手，他是野心家陳友諒。

3 反骨仔是如何鍊成的

陳友諒本是沔陽（今湖北仙桃）的一個漁夫，在天完軍攻入沔陽之後，就跟隨了倪文俊，最初只是當低級的書記，但很快就展現出幹練的才能。他協助倪文俊攻佔武昌，然後負責在武昌督建皇宮，他勘察地理的時候，發現武昌一處河岸叫鯰魚套，很適合打造戰艦，於是他建皇宮之餘，又起兵工廠，令天元軍的水師擁有當時全中國最強的戰鬥力。倪文俊發現有這樣一個上進青年在自己的部隊之中，也就非常重用他，陳友諒也人前人後叫倪文俊做恩師（彷似最初黃洋達對黃毓民那樣）。

上面説到倪文俊派他出征，他很快就打勝了，倪文俊讓他駐在黃州。但此時在武昌，倪文俊和徐壽輝的衝突越來越厲害，倪文俊想舉兵去逼宮，怎料到平時不怎麼出聲的將領，一致站出來挺徐壽輝，他們包括鄒普勝、丁普郎、一個外號雙刀的趙普勝——我相信他們是結拜兄弟，名字在結拜時一起改的，所以名字才會都有個「普」字，不會是一個巧合——還有一個日後成為朱元璋一級將領的傅友德。這幾個人都是勇猛型將領，一衝突起來，倪文俊完全不夠打，於是走去黃州投靠陳友諒。陳友諒問起武昌的情況，倪文俊說所有人都站在徐壽輝一邊，所以我打輸了，但不要緊，我們兩師徒今天開始一起打天下。陳友諒滿口稱是，然後立即殺了倪文俊，吞併了他的部隊，把他的首級以順豐的效率快遞到武昌給徐壽輝。他當然得到徐壽輝的重用了。徐壽輝處理好內部鬥爭之後，又開始擴張勢力，西面派大將明玉珍攻入成都，東面與朱元璋爭奪池州，雙方打來打去，互有勝負。

朱元璋的勢力逐漸伸延到浙江，而盤據浙江的將領是方國珍。方國珍世代都是海上的鹽販，他造反的原因，是他有個仇家向地方官誣衊他為海盜通風報信，即是「通匪」。官府信以為真去追捕他，方國珍就殺了那個仇家全家，然後和四兄弟逃到海中，真的當起海盜來。元朝派軍征討，結果大敗，連主帥都被方國珍擒獲，於是他野心勃勃，正式打起反元的旗號。那時是至正八年（1348年），比劉福通、徐壽輝等人起義的時間都要早，不過他好像沒有周圍講自己是反元義軍的「老祖宗」就是了。之後元朝向他招降，他降後即叛，元朝打他不過，再度招降，如此反覆幾次。官府招募地方兵勇攻打方國珍，但因為地方官員貪污，入伍的人得不到原先說好錢糧和官職，反而看到做賊的方國珍卻可以屢屢被招降、授以官職，明白到原來做賊好過做官兵，結果跟隨方國珍作反的人越來越多。方國珍很快就佔領了浙江東面沿海地方，成為一方之雄。最後元朝以「海道運糧萬戶」這個職位授予方國珍，他才不再作反。元朝命方國珍進攻張士誠，他揮軍北上，對張士誠七戰七捷，逼得張士誠在至正十七年（1357年）歸順元朝。方國珍這個人，你可以說他沒有大志，也可以說他有自知之明，他只注重保境安民，基本上浙江在他治下算是很安寧，用時下的講法，他是浙江的「本土派」。

江南的形勢我說到這裏，那北方的情況又如何呢？我之前說到察罕帖木兒出場。劉福通在至正十八年（1358年）攻陷汴梁，但只過了一年（1359年），察罕帖木兒就奪回汴梁，還弄得劉福通的士兵只剩下一千人不到，只能帶著韓林兒往安豐逃跑。張士誠已經接受了元朝封官，朱元璋眼見劉福通快要被察罕帖木兒消滅，自己即將面臨元軍和張士誠夾擊，終於「淆底」，表露出投降元朝的意圖。在至正二十一年（1361年），朱元璋剛剛與陳友諒打完應天保衛戰，就派使者到汴梁見察罕帖木兒，對方也派了使者去應天，跟朱元璋展開談判。談判了差不多近一年，察罕帖木兒竟然被紅巾軍投降過來的降將刺殺，朱元璋就立刻反面，殺了那個使者。這件事情，朱元璋畢竟被劉福通、陳友諒比下去，因為他們縱然不是最後的勝利者，但都可以百份之百稱自己為「反元義軍」，從來都沒有嘗試向元朝投降。

察罕帖木兒一死，北方自然大亂，亂到連在大都的元廷都捲入新一輪權鬥，這就得先從元順帝這個人說起。元順帝小時候因為上一輩的宮廷鬥爭，先是流放到高麗，之後又被放逐到廣西。這個人算是挨過鹹苦，所以登上帝位之始，的確想過勵精圖治。之前我們說過，他扳倒了伯顏，之後起用脫脫做宰相，是進行了一些改革，例如恢復科舉。但後來脫脫被哈麻假傳聖旨殺了，元順帝開始墮落。男人墮落，例必搞女人。元順帝很快就表現出性上癮者的病徵，找來密宗喇嘛教他「演蝶兒法」，那是蒙古語的譯音，漢語意譯就是「秘密大喜樂男女雙身法」，來修練無限次性交，還找來十幾個皇公大臣一起玩雜交，皇宮整天都是沒穿衣服的人在出出入入。他又要宮女搞各種各樣的角色扮演，例如裝嵌一些會噴火的機器，再叫宮女扮天女划龍船，可以說元順帝是古代的 cosplay達人。他為了勤修大喜樂法，自然要在民間大肆搜刮民女，京城的美女不夠數，就去上都補充「戰鬥人員」，自己修法之餘，又要想辦法找人來修法，弄得自己非常「忙碌」，朝政就決定交由太子負責。而太子因為重用王保保，這就是元朝新一輪內鬥的緣起。

話説察罕帖木兒死了，王保保就代父統領軍隊，但他沒有繼續乘勢消滅劉福通，因為他要應付另一支元軍的攻擊，帶領的人是孛羅帖木兒。孛羅帖木兒其時駐軍大同，之前幾年間，他一路追剿紅巾軍，同時卻又與察罕帖木兒爭地盤，情況有點像八年抗戰的時候國共兩黨的關係。元順帝已經頒過幾次聖旨，要兩隊人馬不要自相殘殺，雙方表面服從，暗地裏還是常常你打我、我打你。察罕帖木兒一死，孛羅帖木兒更加不顧一切全面開仗，而太子是站在王保保的一邊，所以請父皇收回孛羅帖木兒的兵權。孛羅帖木兒不單沒有聽命，還帶兵攻打大都，太子親自帶兵迎戰，打到中途，元順帝決定息事寧人，恢復孛羅帖木兒的官職，於是孛羅帖木兒回大同去了。太子卻未死心，吩咐王保保調集兵馬，準備攻擊大同，孛羅帖木兒收到消息，立即又再攻打大都，而這一次他打勝了，逼迫元順帝封他做宰相，太子惟有逃到王保保所在的太原去。孛羅帖木兒控制了朝政，又惹來元順帝不滿，王保保從太原派出軍隊，去對付孛羅帖木兒，贏了幾仗，使兵鋒接近大都，這時元順帝決定派人刺殺孛羅帖木兒，這場內戰才告平息。但等到至正二十五年（1365年）王保保護送太子返回大都時，朱元璋早已跟陳友諒決出勝負。

4 不情不願出山的大軍師劉伯溫

朱元璋在至正十六年（1356年）攻下應天，慢慢經營江南地盤，三年後他攻入浙江東部，這一步對他很重要，因為在浙東他得到一批很有力的人才協助，當中有所謂「浙東四先生」，其中大家最熟悉的，當然是劉基劉伯溫，另外宋濂是日後明朝太子的老師，餘下兩人是葉琛和章溢。這班人在洪武一朝的文官系統之中被稱為「浙東派」，與李善長為首的「淮西派」不和。除了爭權之外，還有一個原因使淮西派看不起浙東派，就是浙東派的人曾當過元朝的官。劉伯溫就曾在元朝的江浙省元帥府供職，出謀獻策教官府如何討伐方國珍。

朱元璋請劉伯溫出山的傳說，歷史上有很多版本，我現在只說其中一個。話説朱元璋在應天將當地的讀書人孫炎納入麾下，之後很重用他，派他做處州總制官。朱元璋命孫炎請劉伯溫出山，心想應該已經給足劉伯溫面子吧！可是孫炎去到劉伯溫家，劉伯溫可能仍是看不起朱元璋的農民軍，堅決不肯出仕，最後說很感謝朱將軍賞面，我這裏有一把龍泉寶劍，就當是給朱將軍回禮吧。孫炎收了寶劍起身就走，劉伯溫以為這樣就可打發孫炎，怎料孫炎沒多久就回來，還說帶了朱元璋的回禮，劉伯溫好奇之下，走出來見孫炎，只見所謂的回禮，就是自己的那一把劍。孫炎說：「寶劍當獻之天子，斬不順命者。我乃臣，豈敢私受？」劉伯溫一聽，覺得沒有選擇，於是就乖乖地去應天見朱元璋了。

陳友諒殺倪文俊，是在至正十七年（1357年），之後陳友諒是如何奪權呢？首先，陳友諒吞併了倪文俊的部隊增強實力，然後派兵攻佔了江西福建等很多地方，徐壽輝見到陳友諒猛力拓展地盤，於是打算遷都到龍興（今南昌市），希望直接控制這些陳友諒新搶回來的領地。陳友諒知道徐壽輝的意圖，當然不同意，於是編造很多理由，勸徐壽輝不要遷都。徐壽輝打算不理會陳友諒，自己帶部隊直奔龍興。陳友諒汲取了倪文俊的教訓，並不立即與徐壽輝反面，先假裝同意，暗中卻在籌劃兩步棋。第一步，先殺了雙刀趙普勝。那時候趙普勝正和常遇春在池州攻戰不休，陳友諒就叫他去安慶（今安徽安慶市），說自己會帶軍隊來安慶與你會合，一起去對付朱元璋的部隊。趙普勝到了安慶，陳友諒還專門烤了一隻羊，先跟他飽餐一頓，然後才騙他登上江中一條小舟，說要商議機密軍情，其實是要他在江中心叫天不應叫地不聞的時候，就宣佈他圖謀不軌 將他殺了。第二步，再在江州城（今九江市）設伏。陳友諒請徐壽輝去龍興之前，先到江州休息一下再前進。徐壽輝的部隊一到，陳友諒就伏兵盡出，將他的部將和士兵屠殺得乾乾淨淨，只剩下徐壽輝一人，然後陳友諒則對外宣佈，徐壽輝來到江州，覺得江州環境非常好，於是決定留在那裏，以江州為大本營。陳友諒就是這樣全面掌控了徐壽輝，然後向所有效忠天完帝國的部隊發號司令，並自稱「漢王」。

那邊廂，常遇春終於在天完軍手中搶到池州。常遇春真的十分勇猛善戰，但是他有個大問題，就是他時常會殺降，就像這一次，他在池州捉了陳友諒三千人，徐達勸他不要殺死這批戰俘，他不單打算殺降，還特別放幾個人回去報告陳友諒，說是老子常遇春現在正將你陳友諒這小子的三千士兵逐個逐個砍頭。徐達急請朱元璋下令制止，但在朱元璋的命令到達池州的時候，常遇春已經殺了過半俘虜。朱元璋為免進一步刺激陳友諒，於是將剩下的俘虜都放走了。可是陳友諒自命一代梟雄，收到報告後當然怒不可遏，立即決定率領大軍向朱元璋進攻。

在那一刻，陳友諒明顯有很高的自信，認為可以一舉收拾朱元璋。首先，他所控制的天完軍本身的確很善戰。徐壽輝當初作反，要全部兵士在背上刺個「佛」字，跟他們説，這樣就會刀槍不入。如此一來，迷信的士兵會變得很勇猛；再者，元軍一捉到你，一看到你身上有個「佛」字，就知道你是個造反派，你就無法抵賴説自己是尋常百姓，那元軍就一定殺無赦，所以士兵打仗時就不會心存僥倖想投降。而且，我們之前也説到，陳友諒在武昌鯰魚套設置戰艦兵工廠，他水師的戰鬥力冠絕天下，我現在就詳細説説他的戰艦有多厲害。

他的戰船分為四級，最高級的叫「混江龍」、第二級叫「塞斷江」、第三級叫「撞倒山」、第四級叫「江海鰲」。最大的「混江龍」有多大？足足有一百五十尺長。由於江船不需要像海船般要面對海上風浪，所以它還可以建造得很闊，它的闊度足有兩丈，而且三十尺高，分為三層。哥倫布發現新大陸的那一隻船，也不過是九十幾尺而已。一艘「混江龍」，就可以載二千五百人，甲板上人可以騎馬行走，而且三層之間是互相隔音，最底層負責划槳的人，完全聽不到外面發生甚麼事，只聽命令專心划船，不會因為畏懼戰場上矢石橫飛而停止划艇向前。我相信因為陳友諒出身漁民家庭，所以他對於船隻才這麼有研究。其他級別的船，皆有不同作用，有的專門負責放箭和投石，有的是用作衝破敵方的船。所以我們也不就難明白陳友諒當時的心理，他擁有這些戰艦，而朱元璋只得一萬水兵，此外，他沿長江順流而下進攻，根本想不到有輸的理由。

5 應天保衛戰

但是陳友諒還是做足戰前的外交工作，相約好張士誠夾攻朱元璋，然後再脅持徐壽輝跟大軍一同起行，以防他在背後搞鬼。萬事俱備，陳友諒率領大軍一衝，就搶回池州，緊接直撲太平，太平只是有三千守軍，守將是黑將軍花雲和朱元璋的養子朱文遜。之前講過朱元璋攻太平的時候是多麼辛苦，全靠常遇春勇猛才成事，如今陳友諒的船隊駛到江邊，船頭的高度已足以讓士兵在水漲時跳入太平城的城牆內，朱文遜當場戰死，花雲就擒被殺。

陳友諒攻陷太平，這一刻他覺得自己一定會成為全中國的皇帝，因為他自己即將可以滅了朱元璋，他又看不起張士誠，眼見元朝朝政混亂，天下就唾手可得，所以他認為已經到了時候，可以解決徐壽輝。於是他約徐壽輝去采石的五通神廟，甚麼是五通神呢？五通神是宋朝開始在民間流行的神，最初在安徽出現，安徽的商人去到其他地方經商，都會捐錢在當地興建五通神廟，於是流傳於中國各地。至於五通神的來歷，現在已經很難查證，有說是五兄弟死了顯靈，也有人講那其實是五隻動物妖精。五通神到了元朝依然很流行，明朝之後就逐漸消失了。徐壽輝本以為是大軍出發前要拜神，怎知他去到神廟那裏，完全沒有見到準備祭祀儀式的物品，只有陳友諒站在他面前，又不跟他打招呼，他還未感受到危險，見陳友諒面色陰沉不說話，還自己先開口打趣說，想不到我們終於有這一天，攻下應天，統一江南成就大業。陳友諒卻冷冷回應，是會有這一天啊，但你已經看不到了。徐壽輝終於知道陳友諒要對付自己，就哀求陳友諒，不如我們對調位置，你做皇帝我做丞相如何？不行嗎？我做個掛名的丞相行嗎？那隨便封我做個大官可以嗎？陳友諒用難以置信的眼光看著徐壽輝，他說，我都不明白，像你這樣的人，怎麼可以在這個亂世生存？隨即有人衝出來，鐵鎚一揮之下，徐壽輝的頭就給打到腦漿迸裂了。陳友諒隨即把徐壽輝的隨從全部殺死，找人拿水洗乾淨五通神廟，召集文武百官和將領到來，陳友諒就在廟裏宣佈稱帝，國號「漢」，年號「大義」。這個人真是個梟雄，剛剛才殺死頂頭的皇帝，年號還竟然夠膽叫「大義」！其實中國人搞政治都是如此，國家不屬於人民，可以叫「人民共和國」；擺明是專政，都可以講成「人民民主專政」；完全不尊重法治，還將「以法治國」天天掛在口邊。不過在那個時代，要數梟雄，講心狠手辣，就只有陳友諒跟朱元璋有得比。

朱元璋接到太平失陷的報告，又收到陳友諒和張士誠聯盟的消息，就立即召開軍事會議。其實朱元璋早就有心理準備要全力對付陳友諒，而全軍只有劉伯溫和他的戰略眼光完全一致；但我講這個軍事會議之前，先說一個故事。話說那年元旦，朱元璋召集將領們搞春茗、兼開第一次會，由於朱元璋還是奉韓林兒作為皇帝，所以朱元璋會擺一張空凳，象徵韓林兒的御座，然後率領眾將向那一張凳行禮，但偏偏只有劉伯溫直挺挺的站著毫無動作。朱元璋之後就問劉伯溫，你為甚麼不行禮。劉伯溫就說，韓林兒不過是一個牧童，為何要尊奉他呢？你才是天命所在！朱元璋想不到這個自己三催四請才勉勉強強來效力的大叔，冷口冷面地忽然托起自己大腳，就扮謙虛說道，現在我軍還很弱小，周邊還有張士誠和陳友諒等強敵，下一步要怎樣做還未想好，怎敢去幻想自己做皇帝呢。劉伯溫正是等朱元璋這一問，然後和盤托出自己的戰略：其他人都以為張士誠比較弱，主張先對付他，我用三個字來斷定張士誠——「自守虜」。這個人沒有志氣，現在坐擁天下最富庶之地，只想坐守而已。你去打他，他會拼命守住，不可能短時間內完全消滅他。你就算有破綻，讓他有進攻的機會，他反而會猶疑不決，就算打，也不會拼命。但陳友諒就不同，他這個賭徒一定會趁我軍與張士誠糾纏的時候，全力在我們背後攻擊，所以我軍應該集中全力先和陳友諒決戰，到我們吞併了陳友諒，張士誠就已經無法再構成威脅，一舉即可收拾，然後北伐中原，帝王大業便可成功。當日李善長給予朱元璋一個一統天下的願景，現在劉伯温卻正式提出一個建國路線圖，朱元璋當然非常高興，日後也是按照劉伯温的部署而成功。

所以這時候陳友諒終於打過來，朱元璋立心要與他一決雌雄，偏偏太平失陷的消息一傳到應天，一眾文官武將就已經方寸大亂，開會的時候很多人都認為應天守不住，有人竟然說不如投降給陳友諒，朱元璋面色一沉，那些人就連忙說，是假意投降跟他和談，是緩兵之計。又有人說讓出應天，向西返回滁州那邊的老巢，又或向東退向浙江，總之走入內陸，避免與陳友諒強大的水軍交鋒。朱元璋這時就睜大眼望著自己的猛將，武將們當然傾向打仗，看見老闆使眼色，就立即大聲道，陳友諒只是打敗我們在太平的三千守兵，我們現在就全力反攻太平！會議如此吵鬧了許多時候，只有一個人沒有出聲，那個人

劉伯溫畫像，取自明王圻、王思義撰《三才圖會》。

就是劉伯温。於是朱元璋宣佈休會待續，然後請劉伯温入內堂說，先生是否另有計策，不方便在他們面前講？劉伯温就說，主張撤走和投降的人應該全部殺掉！我軍那能沒志氣到要投降給姓陳的漁夫？而且實際上，投降或走人，都會弄得軍心全失，永遠無法翻身。現在陳賊已驕，殺上脅下不可一世，已經不會謹慎行軍，我們稍為用計，他就會自投羅網。朱元璋立即問計將安出，劉伯温就說，我軍不必反攻太平，現在太平有陳友諒的水軍掩護，反攻固然困難，如果陳賊派兵直衝應天，我軍要回師救援，如此左撲右撲只會更快完蛋。我們即管在應天等他，然後利用地形引他上岸，我軍伏兵盡出，打敗他根本易如反掌。

那如何引誘陳友諒上岸呢？我們之前提到一個人物，這時就大派用場，那就是在佔領應天時歸順的康茂才。原來康茂才有個門房，亦即負責開門關門的人，以前曾經跟隨陳友諒。康茂才就是透過這個門房，傳信到陳友諒軍中詐降。陳友諒認得出這個門房，又清楚康茂才並非跟朱元璋起家的嫡系將領，認為他見自己聲勢浩大而投降自己，是完全在情理之中，於是就傳話給康茂才，問他接應自己的時間地點。康茂才回信，你沿秦淮河而下，在應天城外不遠處就是江東橋，我們在那裏匯合，然後你就開船直接衝斷江東橋這條木橋，船就可以駛到應天城牆旁邊，士兵就可以由船上跳上城牆，就如你攻陷太平的情況一樣。

做人有時候就是這樣，你太早成功，反而會被過去成功的經驗所迷惑，陳友諒接到回信，完全不疑有詐，於是按約定時間來到江東橋。陳友諒怎料到，他命人無論如何大叫，康茂才還是不見蹤影，然後前軍回報，江東橋竟然由木橋變了石橋！原來朱元璋派幾千人，漏夜建造了一道石橋，陳友諒的戰船再厲害，也依然是木船，是撞不斷石橋的。這一刻，陳友諒受到極大心理打擊，他無法分辨自己是中了詐降之計，還是康茂才自己走漏消息給朱元璋殺了。正當陳友諒猶疑不決，怕繼續進攻會有陷阱，撤退又不甘心的時候，陳友諒的弟弟已經率領自己人馬，在應天西北的龍灣上岸。陳友諒一想，那就不如全軍都在龍灣登陸，在那裏列好陣勢就立即攻城。至此，劉伯温引誘陳友諒自己棄船、登陸送死的計謀完美實現。朱元璋一早在龍灣佈置好伏擊圈，自己親自領兵在盧龍山埋伏。他一早吩咐眾將，我那邊舉起紅旗，即是敵軍已經來到，我再出動黃旗，那全部人就給我衝鋒。

朱元璋一舉黃旗，朱家軍從三面殺出，陳友諒的強項是水軍，完全沒有心理準備打陸戰，而且全軍還在列隊準備上岸，根本尚未站穩陣腳，就中伏了，心理上更加落在下風。偏偏這時候正值退潮——不知道這是否都在劉伯温計算之內，陳友諒那些甚麼「混江龍」等等全部龍游淺水、困在龍灣內擱淺，無法駛回長江，正是前無去路、後有追兵，全軍潰亂，無法指揮，陳友諒要坐小艇才能逃得出去。這一仗大敗，計算下來，折損兩萬多人。

陳友諒敗走，朱元璋立即派軍追擊他，常遇春順勢收服太平，一路打到安慶，即是當日陳友諒謀殺雙刀趙普勝的地方，但這時候陳友諒的軍隊終於喘定，忽然回軍反擊，奪回安慶。劉伯温就叫朱元璋親自領兵去打安慶，朱元璋言聽計從，陳友諒退入安慶城死守。朱元璋圍城，卻攻不進去，這時劉伯温又有奇策：不理安慶，直取江州。大家應該記得，江州是陳友諒脅持徐壽輝時候的首都。陳友諒在龍灣大敗，很多士兵從龍灣直接逃回去江州，這時候陳友諒領兵在外，江州人心不穩，朱元璋派徐達一舉拿下江州，是對陳友諒勢力的重大打擊。首先，陳友諒要立即棄守安慶，退到武昌重整他的大本營，再者，今日屬於江西省的這一大片地盤，全都納入了朱元璋的勢力範圍，很多人都叛變或投降過去。我們說過，徐壽輝其實有一班部下很支持他，雙刀趙普勝給陳友諒殺了，鄒普勝則被陳友諒任命為太師，這個人在那一刻開始就從歷史上消失，傳說他改名換姓，做了道士，在永樂年間，享壽過百歲才死。另外丁普郎投降朱元璋聲明是要為趙普勝報仇，與丁普郎一起投降的還有傅友德，是朱元璋開國之後，替明朝橫掃西邊、統一甘肅和四川的一等大將，不過他的結局很慘烈，且留待朱元璋殺功臣的章節再講。還有一個叫歐普祥，他是左丞相，也帶隊向朱元璋繳械。這反映出陳友諒不顧後果去殺徐壽輝，結果原本屬徐壽輝派系的人都為之心寒，陳友諒一失敗，就全部倒轉槍頭，名副其實是勢傾則絕。

只是陳友諒也當真是個非常人物，受到那麼大的挫折，反而沉得住氣，不急於報仇，也沒有意志消沉，專心在武昌招兵造船，暫不與朱元璋硬碰。朱元璋也不客氣，繼續吞併陳友諒在江西的殘留領地。在至正二十二年（1362），今日的南昌市、當時叫龍興府的守將胡廷瑞，也決定由陳友諒那邊轉會到朱元璋旗下。投降的過程也有段故事。話說胡廷瑞派使者見朱元璋，講明投降的條件是他不用交出自己的軍隊，朱元璋一聽之下，極之不滿，原本準備立即發作，在旁的劉伯溫眼見朱元璋面色突然黑過包公，竟然一腳踢向朱元璋坐著的椅子。朱元璋被劉伯溫踢到幾乎跳起身來，卻也頓時醒水，想也不想就回答使者說，胡將軍送整個城池給我，我開心也來不及，我還以為有甚麼要求，原來只不過是不想部隊分散，我朱元璋似是這樣的小事也不肯答應的小器之人嗎？於是朱元璋順利接收龍興，將之改名洪都，而這個胡廷瑞日後也立下不少功勞，最重要的是替朱元璋平定福建，不過最後他受李善長一案牽連而被賜死。朱元璋當時大概也沒有想到，洪都這一處地方，會成為他生死存亡的關鍵。

6 洪都保衛戰

我們之前說過，察罕帖木兒攻陷了汴梁，劉福通帶著韓林兒逃跑，朱元璋就曾經派使者到汴梁談判，但察罕帖木兒被降將刺殺後，朱元璋就立即反臉。之不過，劉福通的情況不但沒有轉危為安，他更被張士誠的軍隊圍困在安豐。這時候東邊的紅巾軍，就只死剩朱元璋一路，所以劉福通也只有派人跑去應天求救。朱元璋決定去救，有兩個理由。第一，他始終是自認大宋龍鳳政權的臣下，自己尊奉的皇帝就快沒命，而且開到口向自己叫救命，見死不救的話，只怕天下人會說他是不義之人。第二，如果讓張士誠奪了安豐，下一步肯定會打自己淮西老巢的主意。如要守住應天，從前起家的濠州和滁州等處，都是應天的屏障，安豐一失陷，淮西就面臨張士誠的威脅。於是朱元璋召集文臣武將開會，先講出自己看法，在場的人全部同意，唯獨是一個人反對。

大家應可猜到是誰，那正是劉伯溫。劉伯溫直接地說，為甚麼現在不借刀殺人，免卻他日為如何招呼韓林兒這個牧童皇帝而煩惱？還有，我說過陳友諒是賭徒，你率領大軍去救安豐時，陳友諒一定會來突襲我軍，以報龍灣之仇，到時我們就會前後受敵。這一次，朱元璋決定不聽劉伯溫的意見，還親自率領大軍北上去救安豐。誰不知詼諧的是，朱元璋未曾去到安豐，劉福通已經兵敗被殺，一片亂軍中，韓林兒竟然又逃了出來，剛好又遇到朱家軍，朱元璋便救了韓林兒。朱元璋勞師動眾，完全達不到救援安豐的目標，卻又拿了個韓林兒，表面當然 救了皇帝是大幸，實則暗裏大嘆倒楣。當然朱元璋不是省油的燈，他想到把韓林兒安放在滁州，幫他建設宮殿，自己就可以繼續在應天發號司令，不被打攪。

朱元璋其實並未有完全當劉伯溫的說話做耳邊風，他一直有留意陳友諒的動靜，他眼見自己領兵從安豐一去一回，陳友諒還是按兵不動，他覺得上次交手之後，可能陳友諒已經怕了自己，所以他決定自己回應天，把主力部隊交給徐達和常遇春，叫他們去打廬州。廬州即是合肥，朱元璋的盤算是，張士誠拿下安豐威脅我的淮西，我能夠進佔廬州的話，就同樣可以威脅你的淮東。朱元璋後來就說，他很後悔沒有聽劉伯溫的說話，因為陳友諒就在等朱元璋這鬆懈的一刻：朱家軍的主力都過了江北，被張士誠的軍隊牽制住的時候，陳友諒即率領舉國之師，號稱六十萬大軍，以及文武百官，傾國沿江而下。

陳友諒最初的想法是一口氣衝過江州、安慶和太平，直抵應天，如果這計劃能夠實行到底，朱元璋真的隨時會玩完，尤其當時陳友諒擺出六十萬人「曬冷」的姿態，應天人人心膽俱寒，嚇到朱元璋有兩個很親信的人也即時造反，他們一個叫邵榮，另一個叫趙繼祖；尤其那個邵榮，當時官位已是和徐達、常遇春同級。這兩個人已經埋下伏兵預備殺朱元璋，誰知行事當日，朱元璋突然心血來潮，改變出巡路線，機緣巧合識破兩人謀反的事。朱元璋原本想放過邵榮，因為之前很重用這個人，否則不會給他跟徐達、常遇春同等的待遇，但常遇春知道之後很不滿，他對朱元璋說，

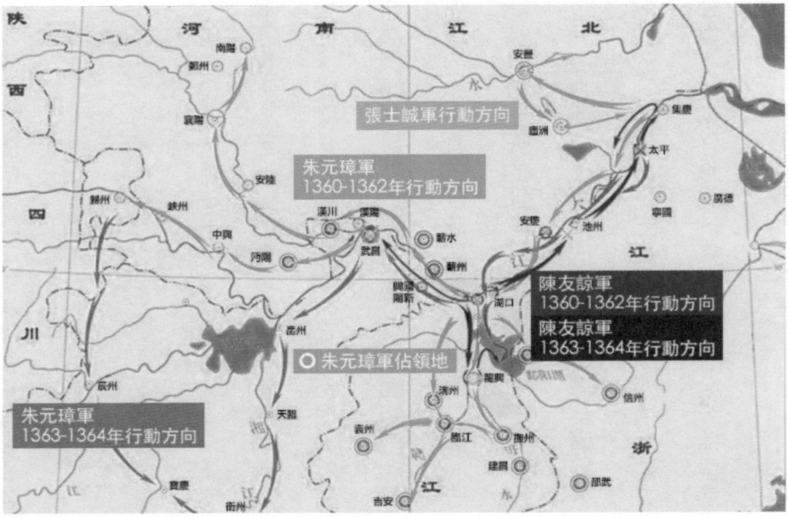

這個人跟我同級，幹出意圖謀殺君上的事情，竟然不用處死，那是對我的侮辱，結果弄得朱元璋要含淚賜毒酒給邵榮自盡。

陳友諒指揮大軍由武昌起航，打出口號「首戰即決戰，一戰定乾坤」，誓要一舉殺入應天，偏偏大軍通過江州之後，突然轉向，南入鄱陽湖去包圍洪都。陳友諒這一個忽然改變計劃的決定，成為歷史命運的重要轉折。洪都就是現在江西的首府南昌市，滕王閣序有云：「豫章故郡，洪都新府」。我估計陳友諒當時是這麼想：他調查過朱元璋沿江的兵力分佈，安慶、太平那些地方兵力都很少，反而洪都兵力最多，最少兩萬、最多四萬，而自己號稱的六十萬大軍，戰鬥人員至少在四十萬以上，最低限度都是十倍於洪都守軍。我軍全力攻城，估計用十日就能打垮洪都的部隊，還有足夠的時間，去對付兵力空虛的應天，而且到時我軍士氣大振，南方唯一能夠支援應天的部隊又已經拔除，更可以將朱元璋儲藏在洪都的大量軍糧收歸己用，實在一舉數得。朱元璋之所以在洪都放了那麼多糧草備用，其實是作為進攻武昌消滅陳友諒的準備，為此朱元璋還派遣他的姪兒朱文正去管理洪都，但這個朱文正一外放到洪都，沒有人管住他，就整日嫖賭飲蕩，一副二世祖敗家仔風範，弄得遠近馳名，這也是引誘陳友諒圍攻洪都的重要原因。

其實陳友諒根本可以不理南昌，只需分一兩萬軍隊在建昌駐守，監控著南昌的朱家軍，自己則率大軍順流而下，那就造成劉伯温口中朱元璋最危險的局面。只是陳友諒造夢也想不到，在他計劃中只用十日就可到手的洪都，原來是座棘手的堅城，而朱文正這個表面是不務正業的二世祖，原來竟是個天才將軍，在這一場洪都保衛戰一鳴驚人，留名青史。

當陳友諒大軍即將圍城的消息傳到洪都，朱文正一身戎裝，召集城內諸將訓話說，我們要守住南昌，一句話，守到死為止，不死我們就在富貴中再見。諸將原本還估計，這個紈絝子弟會慌失失周圍問人點算好，怎料此人在危難中的精神面貌，竟跟平日截然不同，他鎮定自若，而且說出一番志氣高揚的說話。大家本在絕望當中，竟然見到曙光，士氣大為振奮。在這些將領當中，有一個是日後明朝開國六國公之一的鄧愈，還有為朱元璋打過幾次先鋒的悍將趙德勝，有他們駐守的南昌，其實並非陳友諒所想的那麼脆弱。

陳友諒來到洪都，把城池四面圍住，然後首先猛攻四面開闊的撫州門。守撫州門的正是鄧愈，他早有準備，陳家軍輕易撞破城牆、一擁而入的一刻，鄧愈的部隊用火槍火銃衝鋒，對方毫無防範，立時死了一大批，於是馬上後退。到他們驚魂甫定、再往前衝的時候，原本那個打破了的缺口上，鄧愈已經臨時搭建了木欄，火槍隊則在木欄後面放槍，而部隊身後，竟然有工匠在築起新的石牆。趙德勝守的另一邊城門，旁邊是護城河，趙德勝在周邊打造鐵欄，形成一個水關，陳家軍來攻，守軍就隔著鐵欄用燒紅的鐵矛擊刺敵軍，敵軍一去搶，雙手立即被燒焦。陳友諒攻了好一段時候，搞得傷亡慘重，卻毫無寸進，於是他決定大軍暫休幾日，並用這幾日製造呂公車攻城。呂公車即是有車輪的攻城塔，可以居高臨下攻擊城牆上的守軍。陳友諒這個決定又是錯的，因為朱文正就是用這幾天的時間把城牆修復好了。陳友諒又想不到，到他出動呂公車攻城，死守的朱文正竟然夠膽主動派騎兵出擊，一輪突襲後，盡數毀掉那些呂公車。

戰局僵持不下，陳友諒又來到抉擇的時候。他可以選擇走，馬上去打應天，但怕士氣會受很大打擊，結果他還是選擇繼續打，情況就似我們等巴士，等了很久車都未到，原本是可以改搭地鐵的，但等了這麼久，又不甘心，可能一走開，巴士就到。陳友諒也在想，可能只差一點，朱文正就到極限了，一走就前功盡廢。人每每在觀望中有此想法，而一步步泥足深陷。朱文正那一邊，守了一個半月之後，的確感到很吃力，於是派了一個叫張子明的書生去應天請救兵。他去到應天，朱元璋就答覆他說，我叫徐達和常遇春回軍，他們擺脱張士誠後，會從盧州渡江回來，再整頓好軍列到洪都救援，大概需要一個月時間，所以你回去說，洪都只要堅守多一個月，救兵就會到。怎料張子明回洪都路上，被陳友諒的軍隊捉住了，陳友諒看到這個文弱書生已經嚇到面青唇白，就對他說，我可以不殺你，但你要去洪都城下，大喊說援軍不會出現，大家快些投降，張子明立即叩頭答應。張子明被帶到洪都城下，他就大叫，大家千萬不要投降，援兵就快來到。陳友諒又被耍了一回，估不到這條友一直在「扮嘢」，原來視死如歸，生氣得立即命人用幾支鐵槊狂插他至死。但經過這件事，陳友諒為了面子，就不得不圍攻下去，如是者打了八十五日，城內傷亡慘重，趙德勝中箭身亡，但朱元璋的援軍終於到了。

7 史上最大規模水戰——鄱陽湖之戰

朱元璋率領傾國之師，沿長江逆流而上，他第一件事並非立即去洪都，而是派兵佔據所有鄱陽湖的出口，準備關門打狗；今次朱元璋決心要解決陳友諒，雖然他的士兵比陳友諒少，只有二十萬人。這二十萬人是否實數呢？古代寫歷史的人都半為政權歌功頌德，通常都會寫當今的皇帝起初如何英雄了得，常常以少勝多。例如官渡之戰，正史寫曹操只有六七千兵，打贏袁紹接近十萬人，近代考證曹操的兵不可能那麼少，在前線應有二萬人。所以史官可能替朱元璋報細數，寫的是二十萬，實際應該超過這個數。陳友諒那一邊，他有二百幾隻大船，最大的坐二千五百人，最小的江海鼇，也坐一千五百人，就算沒有六十萬，無論如何也有四五十萬兵。大家即管當作二十多萬對四十多萬，兩軍船隊對船隊，在鄱陽湖中間一個名叫康郎山的島對峙，中國歷史上最大的水戰即將上演。有人問，最大的水戰不是赤壁之戰嗎？曹操在赤壁的大軍，最多只有二十幾萬，孫劉聯軍勉強湊夠數有三萬，雙方加起來也不夠陳友諒的一半。

兩個一代梟雄，終於去到這一刻，都是把自己所有籌碼推上檯面，用水師一決勝負，這場仗誰打贏，誰就幾可肯定是全個中國的主人；更如果吞併對方，就沒有其他勢力可以與之對抗了。至正二十三年（1363年）七月二十一日，兩邊戰船全部成列，雙方正式開戰，徐達率先衝鋒，陳友諒的軍隊又嚇了一跳，估不到朱家軍的船比他們小，竟然夠膽搶先攻擊，結果徐達先聲奪人，殺了千幾人，還搶了一艘船回來。陳友諒命令前鋒部隊廿多隻船馬上去追，這時候俞通海出場了，他用小船包圍了這廿多隻船，陳友諒又再派其他船隊反包圍俞通海，結果雙方都沉了幾十隻船，第一日的勝負基本上如此。陳友諒佔了些許上風，但朱元璋的船勝在小而靈活，常常以一船隊包圍住陳友諒的大船，陳友諒便將船緊密地靠在一起去衝鋒。第二日，陳友諒手下的第一大將張定邊，發現了朱元璋那一艘旗艦的位置，親自率領三隻混江龍，直插朱元璋陣勢的心臟，想擒賊先擒王。朱元璋的船後撤，慌亂間竟衝上淺灘擱淺了，眼看這次必然沒命了，朱元璋身邊的左副指揮使韓成穿了朱元璋的衣服，走到船頭扮作朱元璋大叫，我寧死不屈，現在就自盡，隨即投江自殺。張定邊的人都信以為真，只顧尋找韓成的屍體去邀功，攻勢就緩了下來。這時候常遇春趕到，問人誰是張定邊，手下一指，常遇春一箭，張定邊中箭受傷倒下，他的船沒人指揮，隊形更加混亂，這時候水又漲了，朱元璋終可成功逃走。

交戰第二日，陳友諒想到一個方法去對付朱元璋的細船，那就是鐵鎖連舟，然後集體衝鋒。大家可能問，這不就是連環計嗎？大家要知道，《三國演義》明初才成書，傳說羅貫中做過張士誠的書記，隨軍見證過打仗，所以才能夠將戰爭場面描述得這麼細膩，所以羅貫中有可能從鄱陽湖之戰得到靈感，將陳友諒的遭遇移植到曹操身上。可是，朱元璋可沒有立即想到用火攻，面對敵人船隊像湖上一幅前進的巨牆壓過來，朱家軍起初一點辦法也沒有，船隊的陣勢更加由西面開始崩潰，此時解救朱元璋的人物，竟是由天完軍投降過來的丁普郎。他為了替徐壽輝和雙刀趙普勝報仇，在自己船上掛了一支旗，上面寫著「旁人不問，唯誅九四！」，因為傳聞陳友諒是在九月四日出生，所以原名其實叫陳九四。丁普郎不要命的左衝右殺，還是找不到陳友諒，最後自己深入敵陣被重重包圍，身上被戳穿了十幾個洞，死的時候頭顱已經不知飛到哪裏，但屍體仍然手持武器沒有倒下。朱元璋就是靠丁普郎這種不要命的打法，稍稍終止了陳友諒的急攻，可以緩一口氣，等到下午三點，終

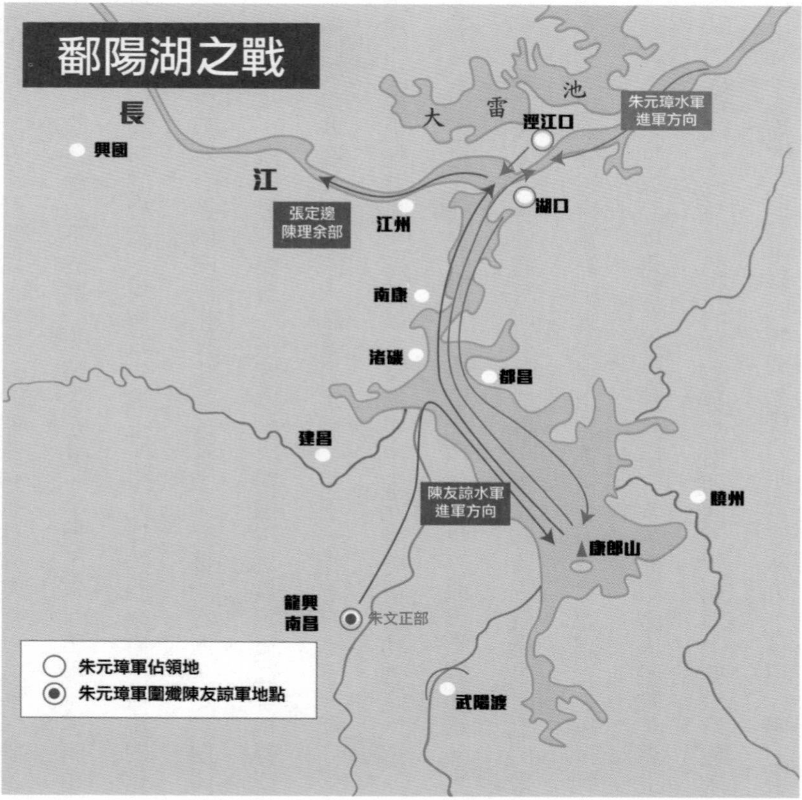

於等到改變整個戰局的機會。

下午三點，突然吹起東風，朱元璋準備了七隻船，上面裝滿了乾草和油，選派敢死隊，把船駛入敵陣當中點火，不消一會，陳友諒就被火燒連環船。朱元璋把握機會全力進攻，陳家軍死傷無數，連陳友諒的宰相和兩個弟弟陳友仁、陳友貴都在這一天陣亡。《明太祖實錄》記載，那一夜陳家軍士氣低落，陳友諒召集諸將說，擒賊先擒王，大家明日集中攻擊朱元璋乘坐的旗艦，他的旗艦就是那艘桅杆塗上了白色的船。怎料這一著又給朱元璋估到了，同一晚他下令所有船的桅杆全部塗上白色。第二早，陳友諒率領大軍來到朱家軍面前，才發現每一隻船的桅杆都是白色，立即不知如何是好。這時候俞通海察覺到敵軍的動作突然遲緩下來，馬上連同六隻船衝殺過去，在敵陣中浩浩蕩蕩繞了一圈回來。朱家軍見狀，登時士氣大振，全軍衝上去，殺得「聲動天地、波濤起立」，陳友諒結果兩日都是大敗收場，不敢再戰。另有野史記載，那一天陳友諒準備了一艘投石船，已經瞄準了朱元璋旗艦，另一邊廂在朱元璋身旁的劉伯溫，忽然跳起大叫，催促朱元璋趕快棄船，旗艦上的人倉猝登上另一小船，屁股還未坐暖，飛炮便將原本的旗艦擊得粉碎，站在高處的陳友諒見一擊得手，當即大喜下令全軍進攻，但朱家軍卻毫不慌張堅守陣地，陳友諒疑惑不定之際，俞通海等諸將率軍反擊，殺得陳家軍大敗。

總之，陳友諒連日接戰都損兵折將，再不敢貿然出兵，好讓大軍回一口氣，兼且等候時機反攻。但他被朱元璋關門打狗斷了糧道，這樣耗著日子，糧食只會越來越少，而且他沒有計算到，日子進入秋季，鄱陽湖水位開始下降，他的大船因為吃水深而不能靠岸，補給更加困難；相反朱家軍以細船為主，可以靠岸紮水寨作持久戰。陳友諒名副其實是進退失據，完全不知道下一步怎樣做。他私下召喚他的左右金吾將軍來商議，右金吾將軍就建議不如撤退，並焚燒大船以阻截追兵，從陸路返回湖南以圖再舉；但左金吾將軍反對，認為雖然連戰不利，自家軍隊仍然比敵人多，再打不一定會輸，一旦棄船登陸徒步撤退，敵軍的騎兵追上來，那時候就肯定完蛋。最後陳友諒還是不甘心，決定再打一場看看，結果又給朱元璋殺得大敗。他回來就對右金吾說，我後悔聽了左金吾的話，早知聽你講下決心撤退。這番話傳到左金吾耳中，一想到陳友諒以往對待部下是如何心狠手辣，就連夜帶領自己的部隊向朱元璋投降。到了右金吾獲悉左金吾投敵，而自己後知後覺無法阻止，怕陳友諒一怒之下拿他出氣，結果當機立斷，也連夜帶同部隊向朱元璋投降。至此，陳友諒的宰相戰死了，左右金吾大將軍都叛變了，氣得他將船駛到朱元璋陣前，將所俘虜的朱家軍士兵逐一殘殺。朱元璋看在眼裏，也下令把俘獲的陳家軍兵卒都拿來，那些俘虜心想朱元璋一定照辦煮碗將他們碎屍萬段，怎料朱元璋竟說要放他們回去，受傷的還賜藥，他們大喜過望，有的不願回去，有的回到陳友諒陣中後，策反更多人投降，陳友諒毫無辦法制止。這時候他終於接受大勢已去，在八月二十六日帶兵突圍，他一面要突破朱元璋設在湖口的封鎖線，一面要應付朱元璋從後追剿，傷亡慘重之下，他還是衝出了湖口。但其實傅友德還有一支伏兵駐在涇江口，陳友諒滿以為已經逃出險境，怎料遇上傅友德的部隊萬箭齊發，陳友諒從船艙伸頭出來想看看怎麼一回事，正在此時一箭飛來貫穿腦袋，一代梟雄就此氣絕身亡。

如果陳友諒能夠回到武昌，要東山再起，並非絕無可能，但歷史沒有「如果」，只有教訓，他在鄱陽湖這一場與朱元璋的對賭，最終連自己性命也賭輸了。賽後檢討，他決定先攻打洪都，當然是令他失敗的重要原因，但除了戰略出錯，另外一個重要原因是他太心狠手辣了。殺雙刀趙普勝，再殺徐壽輝，原本天完軍的部屬敢怒不敢言，當你還是佔上風時，只好服從，一落入下風，就紛紛投降。所謂性格決定命運，陳友諒靠殘忍手段成功上位，但也是因為做得太絕而令手下離心離德，最後因而失敗。陳友諒死了，他的兒子陳理，在張定邊保護之下，成功返回武昌。朱元璋先回去應天，等到第二年的二月才兵臨武昌城下，陳理就出降了。朱元璋沒有殺他，等到稱帝之後，只是將他流放到高麗。至於張定邊，他跟陳理一起投降，之後很快就出家做和尚，一百歲才離世，對比朱元璋許多功臣，他反而得到善終。

說到功臣，佔鄱陽湖之戰首功的人，一定得數以弱制強、堅守洪都的朱文正。朱元璋於是問這個侄兒，問他想得到甚麼分封和獎賞，朱文正回應得很謙厚，說自家人不必有甚麼封賞。朱元璋大讚他識大體，竟然真的大大嘉獎其他部將，但沒有甚麼賞給侄兒。沒想到朱文正嘴裏說不，心裏卻自命功勳第一，眼看別人受賞，自己一丁點也分不到，越想越氣，開始放縱部將搶掠地方，甚至打算勾結張士誠。朱元璋得到消息後，當然大怒，親身去洪都將朱文正拿回應天。他本來已經動了殺機，好在有馬皇后求情，只是軟禁了朱文正，他不久就病死了。從保衛洪都這一戰，顯示朱文正確是個天才將領，之後再沒有他發揮的機會，實在很可惜，但相對於其他功臣的下場，朱文正卻算是很幸運了；他的兒子在朱元璋稱帝後封王，是唯一一個不是朱元璋親生兒子而得到封王的人，而且王位還能一直傳到明末。

到這裏我轉為講一些有趣的事情。在明朝的官方紀錄中，有說到一些仙人出現幫助朱元璋，有些紀錄甚至是朱元璋在世時自己寫下來的，好標榜自己是真命天子。《倚天屠龍記》明教當中的五散人，有三個都在這些記載中出現，分別是周顛、鐵冠道人和布袋和尚。第一個要說的是周顛。話說他忽然出現在朱元璋門口，一時自言自語、一時大吵大鬧，朱元璋捉住了他，用個大鍋把他蓋住，外面堆滿了炭，點火燒了他幾日幾夜，之後打開一看，周顛懶洋洋的伸個懶腰，說多謝將軍幫我出了一點汗。朱元璋請他吃飯，他一個人可以將整整一席菜吃到乾乾淨淨。那時候陳友諒的兵力很大，朱元璋問他，我能否打得過陳友諒，周顛舉頭望天，看了很久，然後說天上找不到陳友諒的位置，他不是星宿下凡，也沒有神仙做靠山，陳友諒根本不會走大運，不足為懼。後來周顛就無影無蹤了，又過了幾年，朱元璋一次大病，周顛再現身送他一些藥，朱元璋一服下去，病就好了。這就是周顛的故事。

另外一個仙人，就是鐵冠道人，他的名字叫張中。他是由鄧愈引薦的，每次替朱元璋占卜的結果都會應驗。朱元璋去救洪都啟程之前，就問他這一次能否打得贏陳友諒，他回答說「五十日當大勝」。大軍前赴鄱陽湖途中沒有風，船隊無法前進，張中就用「洞玄法」把風請來。陳友諒突圍衝出了包圍網，張中聽了之後卻大笑，立即恭賀朱元璋說陳友諒死定了，後來從投降過來的士兵口中得知陳友諒如何中箭而死，而得到消息的這一天，剛好是朱元璋從應天出發的第五十天。今天有一種算命方法叫「鐵板神數」，相傳就是鐵冠道人發明的，「鐵板」並非指一塊鐵造的板，而是指鐵冠道人寫在一塊板上的神數。

至於布袋和尚，如果你喜歡看京劇，布袋和尚其實是很出名的角色。我講過，布袋和尚的傳說源自五代十國時候的長汀上人。金庸寫布袋和尚的名字叫說不得，但朱元璋遇到的那個布袋和尚其實沒有名字。話說朱元璋稱帝後，有一次出巡途經一間廢寺，看見牆上提了一首詩：

大千世界浩茫茫，收拾都將一袋藏。畢竟有收還有散，放寬些子又何妨？

下款只有一個布袋和尚的圖案。這首詩的意思，即是嘲笑朱元璋當了皇帝後，對待臣子和百姓太過嚴苛，叫他「放寬些子又何妨」。朱元璋派人去找出這個題詩的布袋和尚，找了三日也找不到就算了。不知是否朱元璋當和尚出身，不少圍繞朱元璋的故事都與和尚寺有關。話說打完鄱陽湖之戰，朱元璋回程途中上了一座山，眼見夕陽西下，就決定在山上那間和尚寺過夜。寺裏的老和尚覺得他不是普通人，就請他半夜去講經，其實是怕他入黑後做賊偷東西。第二天早上，老和尚問他名字，朱元璋就在牆上寫了首詩：

殺盡江南百萬兵，腰間寶劍血猶腥！老僧不識英雄漢，只管嘵嘵問姓名。

這一首詩我的印象很深刻，因為是我年幼時父親教曉我的一首詩，尤其是開首兩句，我覺得很有氣魄：「殺盡江南百萬兵，腰間寶劍血猶腥！」我剛剛打敗了陳友諒，寶劍上還殘留著血腥味，你這個老和尚既然沒有見識，推斷不出我是英雄人物，那又何必不停問我姓名呢。

第三章

肇紀立極　大明終始

第三章

肇紀立極
大明終始

毛澤東曾説，歷代帝王軍事才能最高的當數李世民，其次就是朱元璋了。朱元璋調兵遣將，締造中國首次南北統一的歷史，並將失落四百多年的北方領土重歸漢人統治。洪武後期出兵遼東雲貴，現代中國的基本版圖就是由此奠定。朱元璋另一件對中國歷史的深遠影響，就是創設了以八股文考核人才的制度，往後五百多年的士人，都是靠這七百字的格式文章決定一生榮辱，只是代代英才全都埋首於《四書》章句、汲汲於功名，結果令中國科技與經濟的發展停滯不前。

1 死不怨泰州張

朱元璋攻佔武昌，收降了陳理，湖廣江西全部納入他的控制範圍內，至此朱元璋的勢力是沛然莫禦。這時候元兵不用打，王保保等人還在山西、陝西互相殘殺，目前要對付的人只有張士誠。除此之外，他還要處理韓林兒的問題。箇中經過，待我簡單交代一下：朱元璋叫部將廖永忠往接韓林兒去應天，在途中過長江時，韓林兒乘搭的船沉了，韓林兒也就溺斃，當然這件事絕對不會是意外，可是朱元璋就罵了他一頓，說我本來想封你做公爵，現在只能給你封個侯爵。廖永忠這人之後跟徐達北伐，隨湯和平定蜀地，南征北戰立下許多功勞，不過在洪武八年，就被朱元璋藉故賜死。

朱元璋在至正二十四年(1364年)自號「吳王」，分封百官；而張士誠則在前一年已經自立為「吳王」，所以有幾年時間，天下同時間有兩個吳王。張士誠自立為吳王之先，又曾經自稱「周王」。至正十七年（1357年），張士誠被元將達識帖睦邇和一個湖南蠻族首領楊完者夾擊，歸順了元朝，受封為太尉。之後楊完者與達識帖睦邇鬧不和，張士誠就趁機與達識帖睦邇聯手把楊完者殲滅，吞併了他的部隊，軍力更強。話說當時江浙人流行一句說話：「生不謝寶慶楊，死不怨泰州張。」楊完者原籍湖南的寶慶府，所以叫「寶慶楊」。楊完者在江浙打家劫舍，相反張士誠的軍隊不但軍紀不壞，而且輕徭薄賦，抽很少稅，所以人民都願意替他賣命。張士誠之後毒死了達識帖睦邇，不再聽命於元朝而自稱「吳王」。這時因為西面朱元璋正與陳友諒決鬥，而北方元軍之間也在內戰，所以趁機不斷擴張勢力，地盤最大的時候北至徐州、南抵紹興，佔據中國當時最富庶的地方，有海鹽之利，背後還勾結倭寇為患。

不過劉伯温一眼看穿張士誠是「自守虜」，他有人望卻不懂得經營，對手下太好了，致使下屬漫無紀律、不受管束，甚至打了敗仗，也不會受到懲罰。因為寬下，當然這樣會有一部分人對他很忠心，但也會變得不求有功、但求無過。張士誠起家時有十八個結拜兄弟，最好打的叫張士德，徐達這麼好打，也說自己很怕跟他對仗。但這個張士德運氣不好，他騎著的馬在交戰中途竟然發狂，離隊單騎跑到徐達陣前，結果被徐達的前鋒趙德勝捉住了，被押送去應天，他不接受朱元璋勸降而餓死。張士誠另有一個兄弟叫張士信，他封張士信做丞相，所有事都叫他管，張士信就找來黃敬夫、蔡彥文、葉德新三個人做參軍，照樣把權力下放，自己不管事，於是百姓又流行一句說話：「丞相做事業，專靠黃、蔡、葉。一朝西風起，乾癟！」意思是這個丞相甚麼事情全部都是姓黃、姓蔡、姓葉這三個人決定，如果西風一吹來，一塊枯乾黃了的菜葉當然會墜落地上。「乾癟」就是乾枯了的意思，「西風」當然是指朱元璋，因為朱元璋的地盤正是在張士誠西面，當地百姓都認為，朱元璋一來，這個只靠「黃菜葉」的丞相一定會完蛋。

朱元璋對付張士誠的戰略，是先北後南，先掃蕩張士誠江北的軍隊。他於是派遣徐達圍攻高郵。張士誠派疑兵攻打江陰，扮作要直搗應天，誘騙徐達回軍，但給朱元璋識破，高郵很快就被徐達佔領。徐達再乘勝攻淮安、破安豐，更北上徐州，順道擊敗元軍，「話咁快」已為朱元璋掃平江北。

徐達和常遇春從江北回到應天，向朱元璋請示，建議直接引兵攻擊平江，一舉消滅張士誠。朱元璋在諸將面前大聲讚好，怎料晚上再召集心腹的將領來開會，命令徐達先打湖州和杭州，令平江孤立。他解釋說，因為張士誠對守城很有一手，當日他打響名堂的一戰，就是在元軍猛攻之下，仍可死守高郵。如今他把平江城造得非常堅固，當我軍久攻平江不下，杭州、湖州的援兵來救，我軍就會被兩路夾攻。那些將領們於是問，為何剛才我們說直接攻打平江，你會大聲讚好呢？朱元璋說，剛才在大殿上，有很多投降過來的將領，有些是張士誠的屬下，有些是陳友諒屬下，我不知他們可不可靠，所以先欺騙他們。這就是朱元璋的手段，願意招降納叛，卻不容易信人。

於是朱元璋任命徐達為大將軍，常遇春為副將軍，統率二十萬大軍攻打杭州和湖州。兩人連戰連勝，在至正二十六年（1366年）十二月，果然順利進圍平江。一如朱元璋所料，張士誠決定死守，這時候葉兑寫信給朱元璋，建議他用「鎖城法」。先容我介紹這個葉兑。他在朱元璋進軍應天之後，就開始寫信給朱元璋分析時局，建議平定天下的大計，有點像現在的時事評論員兼網上KOL。朱元璋叫他做官，他堅決推辭，寧願繼續做枝政論健筆。今回這個網上軍師建議的鎖城法，就是在平江城外四面築起長長的圍牆，完全斷絕平江對外的交通，然後再築起數座高塔，居高臨下，向城內放射火槍和弓箭。朱元璋下令徐達，這場仗不要多傷士兵性命，所以後來再沒有強攻。結果張士誠守平江城守到第十個月，還是被徐達、常遇春攻破了，張士誠想自殺，來不及上吊，就被人捉住了。

張士誠一路被押送去應天，朱元璋首先派李善長來勸降，因為江浙人既然「死不怨泰州張」，他能夠投降的話，當地百姓就會歸心，但張士誠卻對李善長說，你不過是一隻狗，沒有和我說話的資格。於是朱元璋就親自去見張士誠。張士誠說，你有甚麼比我厲害？不過是天日照你，不來照我，你不過只是運氣比我好而已。有關張士誠的死，後來有兩個講法，一個是他找到機會再次上吊命喪；另一個則是被朱元璋處以絞刑。但傳說他兩個兒子逃跑了，而江浙人很懷念張士誠，拜祭他的時候就假扮去祭地藏王，燒香時燒「九思香」，原來又有傳他和陳友諒都是九月四日出生，「九思」跟「九四」是諧音。朱元璋為此很是生氣，下令江浙地方以後要納重稅，一些張士誠的手下世代子孫都不能做良民，被趕他們到河裏做蜑戶，只能打魚、載客、運貨、當船妓等等。

2 南征北伐，同步進行

朱元璋平定了張士誠，但「平定江南」四個字還未算完全實現。這時作為吳王的朱元璋，控制了江南的長江流域，但浙江南部還有方國珍，他表面上接受朱元璋節度，把兒子送到應天做人質，但仍是半獨立的狀態。而且福建還有忠於元朝的陳有定；在廣東，也有個割據的軍閥叫何真。

至於北方的政局，我之前說到王保保護送太子由太原回到大都，因功封為左丞相。元順帝眼見朱元璋已經勢不可當，就封王保保為「河南王」，命令他統率天下兵馬南征。但關中的李思齊、張良弼等四個將領，表明不會服從王保保號令，因為他們認為自己與王保保的養父察罕帖木兒是同輩，不忿被一個後生節制。王保保於是安排自己的弟弟駐守山東，自己領兵去陝西打李思齊等人，一直打到朱元璋開始北伐，也未分出勝負。

朱元璋準備北伐，並不單是考慮如何調兵遣將，還想打好一場「論述戰」。為此，他命宋濂等讀書人泡製一篇討元的檄文。檄文一開首不久就說「元主中國，此豈人力，實自天授」，元朝以前能夠入主中原，是因為得到天命，而且「君明臣良，足以綱維天下」，但後來的蒙古皇帝都是昏君，皇族之內，既犯亂倫，又自相殘殺，朝廷的文臣武將通通貪贓枉法，只懂欺壓百姓，搞得天下大亂。例如王保保和李思齊這些元軍將領，身為漢人，竟然改用胡人姓氏，不知羞恥。其實王保保是有蒙古血統的，不過就算宋濂他們知道，也不會替王保保澄清，更何況宋濂做事出名馬虎，朱元璋叫他寫元史，他夠膽死六個月就交貨，其中當然錯漏百出。檄文繼續說，我朱元璋本是淮右布衣，現在既然承受了天命，就要為天下恢復秩序，驅除胡虜，恢復中華。說這一番話，就是要將北伐提升到民族戰爭的層次，而非只是一家一姓改朝換代那麼簡單，所以天下漢人都應協助北伐，拯生民於塗炭，復漢官之威儀。

文鬥之後，當然就要準備武鬥，朱元璋叫來徐達和常遇春問北伐有何策略。他倆説元朝自己亂得一團糟，我們不妨揮軍直取大都。但朱元璋説，蒙古人畢竟經營了大都百年之久，城牆堅固，如果我們頓兵堅城之下，各路元軍眼見大都被圍，暫時放下私怨，集合兵力去救，我軍有可能進退不得而被圍剿；況且屆時如糧餉不繼，就會非常危險。他最終還是決定，叫徐達他們先取山東，先去除大都之屏障，繼而取其南翼之河南，再西拔潼關。結果出兵山東成為北伐的開始。

至正二十七年（1367年）十月，朱元璋封徐達為征虜大將軍，常遇春為副將軍，率兵二十五萬，渡過淮河開始北伐。同時也命令湯和、胡美出征福建。南面的戰線沒有遇上太大阻力，方國珍全面投降。陳友定被擒後，立心向元朝盡忠到底，就被處死了。朱元璋對方國珍很寬大，封他做沒有實權的高官，最後於洪武七年（1374年）病死，子孫則繼續為明朝效力。之前提到幫朱元璋處理了韓林兒的廖永忠，則帶兵平定了兩廣，軍閥何真投降。至於北伐的戰況，徐達和常遇春兵分兩路進入山東，打過幾場硬仗，只用了四個月的時間，就平定了山東，兩人在濟南會師。王保保原本派了他弟弟脱因帖木兒守山東，但他的部隊在徐達他們來到前，已經去了河南，以支援與李思齊等人在關中相戰的王保保。原來這時候元順帝和皇太子竟然站在李思齊那一方，下詔免去王保保的兵權，改由皇太子統領天下兵馬。王保保可沒乖乖的交出兵權，反而全力跟李思齊等人在關中拼命。朱元璋眼見山東既定，元朝朝廷明顯已經無力挽回敗局，所以再無顧慮，決定稱帝。

朱元璋對於登位一事，沒有古人那麼虛偽，第一次群臣勸進，是小明王剛死，他以時機未成熟拒絕了。其後那年的十二月南北大定，李善長等再次勸進，他一而再拒絕了，等到翌日群臣再來勸進，他就答應了，勉強可說前後一共推讓了三次。從前的古人建立新皇朝，尤其是那些篡位的權臣，暗地裏逼皇帝禪讓，表面上卻會至少推卻三次。例如漢獻帝被逼讓位給曹丕，一共下了四道聖旨，曹丕推讓了三次，還上表說再逼他做皇帝，他就跳東海自殺，結果他當然沒有跳海，而是很「勉強」地當上了皇帝。至於朱元璋，他回答群臣說，他當不當皇帝全在天意，如果正月初四那一日天清氣朗，那就表示上天認可，他就會在那一天登基。為甚麼是正月初四？因為那是劉伯温建議的日子，劉伯温推算過正月初四那日，天氣一定會好。朱元璋後來取笑陳友諒說，在采石五通廟稱帝那天，正值狂風暴雨，想不倒霉也難。

朱元璋登基前的稱號是「吳王」，但最後卻沒有採用「吳」為國號，而改以「大明」。古往今來，中國國號的來源最主要有四種。第一種就是根據稱帝前的爵位封號，而封號通常來自封地的名稱，例如曹操封公的時候，封地在魏郡，所以他是魏公、魏王；曹丕繼承曹操當魏王，稱帝後沿用「魏」做國號。王莽篡漢，建立「新朝」，很多人以為那是取代漢朝、建立一個新朝代的意思；但其實以「新」為國號，是因為王莽晉封「安漢公」之前的爵位是「新都侯」，所以也算是第一種的國號來源。第二種是直接以國家所在地的地名為國號，這通常是中國分裂時期割據一方的小國所取的國號，譬如五代十國之中的前後蜀國和閩國。第三種是聲稱繼承某個上古朝代，武則天革唐命、改國號為「周」，就是自稱為周文王的後代，繼承了周朝。第四種是跟地名和歷史完全無關，選一個有特別意義的字做國號，元明清都屬於這一種。元朝的「元」字，也是我名字蕭若元的「元」字，來自《易經‧乾卦》的《彖辭》：

大哉乾元，萬物資始，乃統天。

「大哉乾元」，「元」是《乾卦》所述四種氣的第一種，也是最重要的；而這四種氣分別是元、亨、利、貞。「元」是充塞天地最初、最基本、最偉大、能資生萬物的一種浩然之氣，無所不在，也無所不存，這就是「大哉乾元」的意思。《乾卦‧彖辭》之中還有這一句：

大明始終，六位時成，時乘六龍以御天。

首先，元朝是中國第一個將國號冠以「大」字的朝代，接著明朝、清朝也是；所以元明清三朝的正式國號其實是「大元」、「大明」和「大清」。但朱元璋以「大明」為國號，可不單單是引用《易經》。朱元璋後來不承認自己是明教徒，但手下很多人都是明教徒；而我之前提過，當時的明教流傳著具備中國特色的救世主傳説——「明王出世」，所以韓林兒稱為「小明王」，後來明玉珍——即是徐壽輝那個去了四川的手下——又自稱「小明王」，現在我朱元璋做了「大明」的皇帝，我就是傳説中出世打救天下的明王，其他「小明」唔該行開，以杜絕其他明教徒再自稱明王造反。「大明」二字也見於《阿彌陀佛經》，意指充塞全世界的光芒，所以阿彌陀佛即是無量光佛，無量光即是很大的光明。因此朱家軍的武將當中，無論佛教徒還是明教徒，都能接受「大明」這個名字。至於讀書人階層，典籍有所謂「朝日夕月」，早上的光明來自「日」，夜晚的光來自「月」，日月合照為「明」，而唐代已經有大明宮，讀書人講究典故，「大明」二字累見於歷史，他們認為稽之於古，是源來有自。另一方面，如用五行來解釋，南方代表火，火就是明，是以南方的陽氣驅逐了北方的陰氣。總之，這個名字可以有各種各樣的演繹，所以就能各取所需，文臣武將乃至天下人都能夠接受。

徐達和常遇春將整個山東收服之後，立即調頭西進，先攻佔汴梁，再出虎牢關，進擊洛陽。這時候，脫因帖木兒率領五萬兵在洛水佈陣，常遇春雖然做了全軍的副統帥，但還是老樣子，喜歡一馬當先衝鋒陷陣，元軍一下子就被衝散，常遇春追擊五十里，斬首無數。這一仗嚇得河南的元軍部隊通通投降，徐達亦乘機攻佔潼關，封鎖了西北的元軍救援大都的道路。

這時朱元璋決定親自去汴梁，召來徐達常遇春二人，召開慶功宴兼軍事會議，準備直搗大都，同時他也想看看汴梁是否適合做京城。朱元璋在應天起家，應天的好處是便於控制長江流域這一塊全中國最的富庶地方，而且應天風水好，所謂「龍蟠虎踞」，龍蟠的是紫金山，它的山勢很像一條蛇，所以叫龍蟠，而虎踞的是石頭山，現在叫八字山，它有一段突出的懸崖，遠望像一隻老虎，所以南京由三國時期孫權開始經營，一直作為六朝金粉地是有原因的。然而朱元璋放眼全中國，想到統一天下之後，如繼續以應天作為首都，想控制北方，恐怕鞭長莫及，若要學漢唐那樣威震西域，就更困難了。另外，應天是一個水都，四面環水，需要大量水師守衛，但控制北方，則要用騎兵，從來首都皆有重兵駐守，在南方建都，是難以建設水師之餘，同時可以訓練騎兵的。但如果在邊境駐紮大量騎兵，又有那個將領值得信賴、交託守邊之責而不演變成藩鎮割據呢？唐朝的安祿山就是一個教訓。最令朱元璋頭痕的地方，是應天這地方的腳頭不好，定都於此的國家，除了東晉之外，其他全都無法享有國祚超過一百年，而東晉的朝政大權從來都不在皇帝手中，而是由世家大族所把持，以致內亂頻生。其實這無關乎運氣，而是南京表面上有天險，實際上是難以防守。清朝的張之洞寫過這樣的一首詩：

兵力無如劉宋強，勵精政事數蕭梁。何因不享百年祚，酖毒山川是建康。

六朝之中最好打的，要數南朝宋、齊、梁、陳的第一朝劉宋，宋武帝劉裕北伐，一直打到長安，多麼厲害！北方的胡虜無人打得過他。如果要數勤力治國，對人民行德政，則沒有人勝過梁朝的開國君主蕭衍，因為我這位祖先真的慳儉得很。為甚麼有如此難得的君主，所享國祚連一百年也沒有呢？就是因為建康這個地方先天地理上有弱點。歷史證明，沿江建立的城市，只要上游一旦被敵人控制，敵軍沿江而下，就難以防守，建康正是如此。上次陳友諒破采石，陷太平，就已經可以輕鬆兵臨應天城下，朱元璋深深體會到這一點，所以他原本一早打定主意，想從應天遷都別處。他心目中的第一號候選佳麗就是汴梁，但他去到汴梁之後，大為失望，不單是因為這個北宋的首都幾經戰亂、所有建築物已毀，整個河南平原都變得殘破不堪，要重建汴梁以及周邊地方，實在是很大的工程。朱元璋最後拍板的方案是一國三都制，以應天為南京——南京這一名字就在這時候誕生，汴梁作為北京，然後他鄉下鳳陽濠州就叫中京，對外宣稱三個京城並立，但就著手經營濠州作為日後正式的京城。不過這個計劃後來也無法實踐，南京一直是朱元璋洪武一朝的帝都。

3 光復燕雲十六州，漢族人民站起來

「元順帝」這個稱號是朱元璋改的，北元給他追封的帝號是「元惠宗」，為何叫他做「順帝」呢？因為朱元璋認為他肯順應天命。歷代皇朝的末代皇帝，多是圍城日久不肯投降，到城破之日或擒或殺。但元順帝開創潮流，完全沒有嘗試調兵守護大都，眼見明軍就快殺到，決定開門北逃。這樣窩囊廢的行徑，被朱元璋稱之為「順應天命」，不知是恥笑他還是給他留幾分面子。上回講到徐達常遇春在汴梁和朱元璋開會之後，繼續率兵北上，轉眼間已經渡過黃河，這時候能救大都的元軍，只剩下早前退回山西的王保保。元順帝於是恢復了他所有官職，只是王保保見過鬼都怕黑，不知元順帝這一次會信自己多久，猶疑觀望之際，徐達已經兵不血刃進佔了大都。之後元順帝改封王保保為「齊王」，

命他從太原出兵，意圖繞道雁門關和居庸關收復大都。徐達決定圍魏救趙，迅速進軍山西，在太原城下以逸待勞，由常遇春率軍突襲，擊潰回師救援的王保保，令王保保只能帶著十數騎逃向西北。

進佔大都的捷報傳到應天，朱元璋就將大都的名字改成北平，自徐達常遇春起兵北伐，只是用了十個月時間；等到日後朱棣遷都至北平，就改名北京了。朱元璋和徐達足以歷史留名，因為他們只用了十個月的時間，令漢族政權的軍旗在四百年後重新在燕雲十六州飄揚。自從後晉石敬瑭自稱「兒皇帝」，將燕雲十八州割讓給契丹後，那裏一直在胡人的統治下，由遼變金，金又變元，經過整整三個由外族建立的朝代，漢人政權的版圖得以恢復北方天然的國防線，以長城為界。否則像北宋一朝，防線退到太行山、王屋山一帶，與遼朝相安無事猶可，等到金兵真的南侵，就完全無險可守，金國騎兵可直下汴梁。另外，這一次是自古以來第二次成功的北伐，由江南起兵，進而統一全國（第一次是項羽劉邦從楚地起兵，打入咸陽）。下一次北伐成功，就已經是五百多年後的國民革命軍北伐了，而且直至蔣介石宣佈北伐勝利，中華民國仍然只是名義上的統一而已，與明朝立國這一次北伐的成果相比，遠遠未及。

元順帝走得快好世界，逃到去元朝的上都。上都又叫開平，是忽必烈即位的地方，地點是在今日內蒙古的多倫縣。這時候王保保去了西北，嘗試集結在陝西甘肅一帶的元軍。徐達、常遇春和馮勝帶兵直趨陝西，迫令那個和王保保鬥生鬥死的李思齊投降明朝，然後常遇春回師北平，以李文忠為副手，率兵九萬由北平出發，一路打到上都去。元順帝再一次在明軍到達前施展腳底抹油，把國都遷去現今蒙古境內的應昌。常遇春這一仗俘虜了一萬人、三萬匹馬，五萬頭牛，怎料回程途中，在河北柳河因「卸甲風」暴病而卒，死時只有三十九歲。「卸甲風」即是將士急欲涼快，除下厚厚的裝甲，但此時身體很熱，被冷風一吹，就中了風寒，情況就如做完運動一身大汗，卻去冷氣機風口前涼冷氣。用當下香港網上的用語，常遇春是朱元璋麾下最「勇武」的將領，但他其實不是橫衝直撞，他有天賦才能，一眼看出敵軍行陣的弱點才進攻，否則單靠盲目勇武，十條命也不夠死。常遇春死於洪武二年（1369年），到洪武三年（1370年），元順帝因痢疾去世，皇太子終於即位，是為元昭宗。他即位後第一件事，就是應付繼承常遇春遺缺、前來攻打應昌的李文忠，結果是他敗逃至更北的和林，他的眾多妃子、兒子和五萬元軍都被李文忠所俘虜。同一時間，徐達出兵甘肅，直逼王保保駐軍的定西。如果大家熟悉三國地名，姜維的故鄉是天水，鄰接天水西邊就是定西，因為北宋的軍隊曾經在那裏打敗西夏，所以從北宋開始那裏就改名定西。王保保決定離開定西城池，退守附近的天險沈兒峪。徐達趕到沈兒峪，不作強攻，安營紮寨，雙方對峙。忍不住先動手的是王保保，他由山路繞到徐達後面突擊，幾乎打得徐達軍勢大亂，徐達怒斬幾個校官，全軍終於穩定下來。之後徐達就找人去王保保營前騷擾，日間就敲鑼打鼓，入夜後就點火煲蠟，元軍完全不敢休息。徐達就這樣鬧了好幾天，有一晚突然安靜下來，好笑在元軍最先想到的竟然不是 有蠱惑，而是立即好好去睡上一覺。徐達眼見這個周公閣王套餐元軍照單全收，立即下令全軍突擊，王保保全軍潰散，沈兒峪之戰後，徐達結果收降八萬多元軍，馬一萬五千匹。王保保這一次敗逃，身邊連一個護衛也沒有，要抱住老婆阿媽靠浮木當水泡游過黃河，逃得性命去到和林與元昭宗匯會合，兩人牛衣對泣，抱頭痛哭。

元昭宗和王保保二人在和林休養生息，用了兩年時間重建軍隊，再開始南侵明朝邊疆，朱元璋在洪武五年（1372年）派徐達、李文忠和馮勝，率領三路大軍出征。這一次北伐是明軍最慘痛的一役，二十多年後，朱元璋再提起這次北伐，仍然不勝唏噓。中路軍是由徐達和藍玉指揮，穿過沙漠，再遇王保保。這次王保保已經學聰明了，他在這裏故意連敗兩仗，等徐達他們孤軍深入自己佈下的伏擊圈。可能徐達贏過王保保多次而輕敵，今次完全中計，一交鋒之下，明軍死了萬多人。明軍和元軍交手多次，都未曾試過這樣大敗。王保保當然想乘勝追擊，消滅徐達，但徐達畢竟是個名將，雖敗不亂，先紮營擋住追兵，然後再有系統地撤退。東路軍的李文忠，也是輕敵深入，但遇到元兵伏擊時，李文忠拼命狠打，竟然打得雙方都傷亡慘重。元軍嘗不到甜頭，決定撤兵。李文忠還夠膽去追，元軍於是停下來，掉頭預備再拼命，李文忠又扮作後退，引誘元軍進入陷阱。元軍根本猜不透他有甚麼後著，不敢追擊。其實這次李文忠真的撤退了。中路軍大敗，東路軍算是打和，那西路軍怎樣呢？馮勝帶著五萬兵橫掃甘肅，俘獲十幾萬頭牛羊，然後再分派五千士兵，由傅友德率領追擊，他一路追到去敦煌，七戰七勝，把北元軍的西翼全部掃除。

朱元璋深知傅友德的本事，所以命令他配合湯和兩路伐蜀。我提過徐壽輝派了大將明玉珍攻入四川，後來徐壽輝被陳友諒殺死了，他就和陳友諒斷絕來往，封鎖三峽，自己稱帝，國號叫「夏」。他在位五年後死了，兒子明升繼位時只有十歲。湯和帶著廖永忠沿長江逆流而上，傅友德則從北面入蜀。所謂「橋唔怕舊」，傅友德又是用上一招「暗渡陳倉」，不同於韓信的是他由北向南攻取漢中，而且行軍速度驚人，四川的駐軍連敵人是誰都還未搞清楚，就已經被打得落花流水。傅友德一路打到與成都只有一步之遙的綿州（今綿陽市），因為漢江水漲、無法渡江才停下來，傅友德卻想到利用漢江派「傳單」：他命令士兵削下數千木塊，刻上他入蜀後攻陷城池的清單和時間表，將這些「傳單」

投入漢水。同一時間湯和被擋在瞿塘峽，川軍在那裏鐵鏈鎖江，令船無法通過，然後在兩岸不停彈石放箭，但及到川軍在瞿塘峽拾起傅友德的「傳單」，守軍就放棄抵抗，湯和得以進入重慶逼明升投降。與陳友諒的兒子一樣，朱元璋也放了這個只有十五歲的明升一馬，只將他全家流放到朝鮮，而朝鮮王室更對他禮遇有加。

值得一提的是，平定四川的同時，播州楊氏也投降了明朝。播州就是今日的遵義。唐朝中葉後藩鎮割據，有一族姓楊的人，自稱祖籍杭州，在唐僖宗年間（876年）割據了播州，到北宋的時候向朝廷獻地，宋太祖於是封楊氏為播州的巡檢，依舊讓楊氏世襲治理播州。到了南宋末年，蒙古軍攻打四川，播州軍更一度成為對抗蒙古的主力，忽必烈覆滅南宋後，照舊委任楊氏世襲播州宣撫司。朱元璋則封楊氏為播州宣慰司，世代傳到萬歷年間，第二十九代傳人楊應龍得罪了所有苗疆部族，繼而作反。萬曆二十八年（1600年），明廷發兵三十二萬才將之消滅，至此楊氏實質控制播州一共七百多年，比中國任何一個政權都要長久。這是一段很特別的歷史，但在中國大一統歷史觀之下，卻很少被提及，所以特意在此講講。

說回傅友德橫掃西北，是三路北伐軍唯一可以完勝回朝的一路。徐達嘗到少有的敗仗，但朱元璋當然沒有處罰他。他要等到王保保死後，才再次和北元交手。王保保死在洪武八年（1375年），朱元璋很感慨，說他是「當世奇男子」。朱元璋多次想招降他，又派人去河南為他的養父掃墓，又命令他舊日的死對頭、已經降明的李思齊去漠北探望他。話說他很熱情招呼李思齊，還派人護送李思齊回中原，但行到半路，護送的軍官對李思齊說，我們主帥希望你走前留下一些紀念品。李思齊回答，我遠來沒有準備禮物，怎辦呢？軍官就說，這個簡單，主帥說你隨隨便便留下一條手臂就可以了。李思齊才知道原來王保保還是要報仇，但沒有其他選擇，只好斬下自己的手臂，沒有多久就傷重而死。

明軍平定了四川和西北，基本上已經統一全國，但遼東的納哈出和雲南的梁王仍然自命臣屬於元朝。征討遼東的事，我留待講解藍玉案的時候再詳述，我先講平定雲貴的過程。

朱元璋等到洪武十四年（1381年），才派傅友德、藍玉、沐英出兵三十萬進攻雲南。忽必烈將雲南封給自己的第五子，一直傳到這個梁王；而雲南的大理段氏，在大理亡國後，依然被元朝委任管理一部分地方。梁王逼段氏跟自己一同抵抗明軍，硬將自己的女兒嫁給他，但段氏還是逃跑，梁王就將這個女婿捉回來殺了。梁王的女兒因為父親殺了自己的老公，就吃孔雀膽毒死自己。後來梁王兵敗逃走，與自己的王后也是服孔雀膽自殺。這裏提醒一下大家，孔雀膽並非孔雀的胆囊，而是類似甲蟲的昆蟲，學名叫西班牙綠芫菁，在中國大陸通稱南方大斑蝥；傳說出產這種昆蟲的地方也出現很多孔雀，將這昆蟲除去足翅後，外觀也的確很像孔雀的膽囊，所以就叫孔雀膽。打仗的過程沒有甚麼奇謀妙計的故事可以講，但這場仗對中國歷史也有很特殊的意義，因為這是中國戰爭史上，首次參戰雙方都有信奉穆斯林的部隊投入戰鬥。當時兩邊都請來回族助戰，而這時期的回民多已歸化伊斯蘭教。傅友德和藍玉在平定雲南後，將幾百名蒙古和回族的穆斯林俘虜閹割之後帶回應天，送到皇宮當太監，其中一個小太監，日後就是大家熟識的鄭和。

平定雲南後，雲貴一帶原本效忠梁王的土司都相繼歸降，朱元璋依元制封這些土司做宣慰使，由新設置的貴州都指揮使司管轄。這個都指揮使司手下有個都督叫馬曄，他卻立心向這些土司尋釁滋事，想激到他們造反，然後派兵鎮壓這些少數民族來邀功。馬曄先捉了貴州宣慰使奢香夫人。貴州宣慰使原本是一個名叫靄翠的彝族人擔任，他死了之後由於兒子還未成年，就由他的老婆奢香夫人攝政。不知馬曄是否有性虐待的癖好，他竟然脱掉奢香夫人的衣服鞭打一頓，至於有沒有進一步幹其他事情，歷史就沒有記載了。總之彝族人聽到聞此段奇恥大辱，幾乎就要「攞架生」作反，但奢香夫人知道這正是馬曄想要的結果，所以按下了族人的情緒，然後她找來接鄰的另一位女土司劉淑貞，請她一同去應天做人證找馬皇后告御狀。為甚麼找馬皇后呢？首先，宋明之際因為儒學發展，男尊女卑越發嚴重，兩個女人雖說都是朝廷命官，但要見皇帝還是很困難。其次，這個馬曄可能與馬皇后有親戚關係，所以最好先試探清楚馬皇后的態度。事實證明奢香夫人找馬皇后這一步走對了，馬皇后將事情告知朱元璋，請他秉公辦理。朱元璋就召見奢香夫人，說朕給你處置這個馬曄，你有甚麼報答朕。奢香夫人回答說，我給陛下開山闢路，打通雲貴。結果朱元璋將馬曄解往應天關押至死，奢香夫人亦實踐承諾，發動族人將川湘雲貴的道路打通，這就是日後很出名的龍場九驛。朱元璋後來說，奢香夫人一女子勝於十萬兵。百年之後王陽明南下龍場驛，走的仍是這條奢香夫人建的路。

4 朱元璋的封臣榜

朱元璋在洪武四年第一次分封功臣，封為公的有六人，封為侯的有二十八人，封為伯的有兩人。

李善長是唯一一個封公的文臣，他是「韓國公」，功臣中是第一把交椅。徐達封「魏國公」。常遇春封「鄭國公」，但這時常遇春已經死了，正式來是他的兒子常茂受封「鄭國公」。朱元璋的外甥李文忠封「曹國公」。馮勝是「宋國公」。鄧愈封「衛國公」。這就是明朝開國的「六國公」。洪武一朝還有其他人封公，譬如說藍玉就被封為「涼國公」。「公」有甚麼待遇呢？其實每個公都有一點不同。當中以李善長的待遇最好，有四千石糧食一年。四千石是甚麼概念？一石理論上是一百斤，一斤米今日的售價大概是港幣十元（以貴價米計算），一石就一千元，四千石就是四百萬元。換句話說，李善長年薪四百萬，即是一個月有三十多萬，跟香港特首的人工差不多。從前封公封侯會有封地，但朱元璋的封爵只是虛銜，齋出糧、無封疆。封侯的二十八人全是武將，封伯的就只有汪廣洋和劉伯溫兩位文人。可能有讀者覺得劉伯溫是大軍師，地位應該像諸葛亮那麼高，其實劉伯溫受封為「誠意伯」，他的待遇不過是一年二百四十石，李善長是他的十六倍有餘。只是劉伯溫的待遇畢竟也比大部分人好，大學士的人工是一年一百幾十石，縣官更只有幾十石。明朝官俸之薄是自古未見的，這導致全部官員不貪污就無法生存。試想想一個七品縣官，年俸七十石，一千元一石，七萬元人工一年，六千元一個月。如果你要立志做個清官，就必先要學好數學，如何用六千元去養活父母妻兒，還要養活幕僚下人協助工作。根據 2016年的社署數字，一個領取綜援的四人家庭平均可得一萬四千元，可見在明朝當個七品官，如果老老實實不去貪、不秘撈，其貧窮程度會比香港綜援戶雙倍嚴重。而且論尊榮，公侯伯的地位比一品大官都高，而一品大官不能透過官場升遷而做得到，而是皇帝賞賜的名譽。所以説如果你為朱元璋打工，你奮鬥的最高目標就是去到封公，年薪四百萬當然比同時代許多人富裕，但算不上巨富。在生之時得以封公，死了就可以封王，例如徐達就追贈「中山王」的封號，只有姓朱的才能夠在生時封王。

朱元璋是甚麼都很吝嗇，但對兒子除外。朱元璋有四十六個妃嬪，但他總説自己不好色。其實他還未曾入應天之前已經有幾個妃子，史料有紀錄的就有郭妃、張妃、胡妃。他有二十六個兒子，十六個女兒；兒子當中老大做了太子，最小的二十六子幼殤，其他二十四個兒子都封王，這二十四個王都是親王，稱號是單字，譬如周王、秦王。之後明朝的皇帝，成年的兒子都會封為親王。每個親王會派駐一個地方，但親王的兒子又如何呢？譬如秦王是他的第二兒子，秦王的嫡長子，又將會成為秦王。那麼秦王其餘的兒子呢？他們則會全部封為郡王，由於封號是兩個字，所以又稱為兩字王。例如我提到朱元璋封他姪兒朱文正的兒子為王，封號是靖江王，就是一個郡王。而郡王的嫡長子又會繼承郡王的地位，其餘兒子則全部封為鎮國將軍，鎮國將軍之下，還有五個級別可以分封下去。試想想，每個皇帝都有兒子，生了兒子就多了一堆親王，但以前皇帝生的親王依然存在，那些親王亦不停生郡王出來，郡王則不停生鎮國公、輔國公，這個王室很快便會變得非常龐大。結果到了明亡的時候，尚有三十三個親王，六百多個郡王，加上其他朱元璋的直系後裔，應該有十幾萬人，還不計其他姻親之類，整個王族加起來隨時有一百幾十萬人。可以想像，朝廷的支出會多到怎樣的一個地步。

那究竟親王有多少人工呢？洪武九年（1376年），朱元璋規定親王歲祿為米五萬石，還有現鈔俸祿二萬五千貫，當時大概等於二萬五千兩銀；錦、紗羅、絹等各種絲織品，當中最名貴的錦是四十匹，次之的紗羅百匹，再次之的絹五百匹，冬夏布一千匹，用作衣服內裡的棉花二千兩；鹽二百引（一引鹽，分為小引和大引，小引是二百斤，大引是三百斤），即就是鹽也有幾萬斤。更有茶一千斤，馬料草月支五十匹，即是有五十匹馬的草。真的是成功需父幹，你為朱元璋打工，做到第一功臣，單以米來計算，人工都只得皇子的十二份之一。若你不明白何謂「親疏有別」，且看朱元璋對待兒子和異姓功臣的分別。後來朱元璋也發現這一條數算下去不是很對路，於是在洪武二十八年（1395年），將親王歲祿降為一萬石，郡王二千石。但這條數依然龐大得很，京師百官的祿米，每年四百萬石；而全國王族的祿米竟然是八百多萬石，遠多於供奉京城全部軍民官吏的收入。有一些貧窮的地方，王親國戚的俸祿有時多於當地的全部收入。並非這些龍子龍孫全部好吃懶做、不事生產，而是他們不准做事、不准做生意、不准做官，更不准離開他的封地。他們基本上是一個囚徒，或者說是一個有錢的囚徒。其他人或以為他們的生活很優悠，不用工作，日日歎世界，但當時並無手機，不可上網，身在其中，就知道這種日子真是無聊到要喊。而且，若有一日他們失去這份朝廷發放的俸祿，由於沒有任何社會經驗、沒有任何謀生技能，他們真是會餓死的。結果到了明末，全國有三分之一收入用作支付皇族的俸祿，而朱元璋的子孫，很多人已分不到俸祿，有的還真餓死了，因為沒有國家俸祿供養，卻又不准出去做事，名副其實是坐以待斃。

相對而言，清朝發給皇族的俸祿就合理很多。清朝不是所有王子都會封親王，只會冊封有功的王子，而且不是一開始就授予親王爵位，而是由第四等的貝子封起，再累積功勞，經過貝勒、郡王，最後才會晉升到親王。通常十幾個兒子裏面，只有幾個有資格獲封親王。在繼承制度方面，親王的兒子不是直接封為親王，而是退一級變成郡王，郡王的兒子就變成貝勒，如此類推地代代退封，除非你是個世襲罔替的鐵帽子王，嫡子襲爵仍是王。最初鐵帽子王只有八個，到清末也只是十二個而已。順帶一提，清朝的皇族分為兩種，一種是努爾哈赤祖父塔克世傳下來的子孫，叫做黃帶子，是正式的王族；而再早一輩同族的人就叫覺羅，由於服飾腰部多繫上一條紅帶，故又名紅帶子。

有關明代封爵，還有一件事要講，就是丹書鐵券。教朱元璋「高築牆，廣積糧，緩稱王」九字真言的朱升，朱元璋本來想封他做「伯」，但朱升拒絕了，說如果陛下想獎賞我，請賜我免死的鐵券，這就是我們俗稱的免死金牌。所謂鐵券，就是將功臣的功勞或皇上免死的詔令刻在鐵板上，鐵當然比木或紙能保存更久，而在南北朝之前，鐵券刻上字之後會填上丹砂，所以就稱為「丹書鐵券」，即是指用丹砂書寫的鐵券。一張鐵券可用作免死一次，只是李善長雖則有兩張鐵券，並沒有得到兌現，被朱元璋殺了一家七十幾口，因為有所謂「十惡不赦」，即是說有十項惡罪犯了後，就算有鐵券都不能赦，而謀反當然是十惡之首，皇帝說你謀反，你有幾多張鐵券都變成廢鐵了。

丹書鐵券

5 天才的發明：八股文

講完封王封侯，輪到講關於做官的事情。當時天下剛剛太平，人才從哪裏來？於是朱元璋就設立了一套稱為「國子監」的制度，成為國家培育人才的機構。這是一套明朝獨有而非常有趣的制度，而且算是達到當初成立的目的。到了洪武中後期，很多官員都出身於國子監。國子監的生源有多種，一種為官學生，若你的父親當官，就可以入讀。另一種是外夷，那是在皇帝頒旨要求下入讀。也有一種讓平民晉身仕途的方式，他們需要通過考試達到一定成績，就能獲得資格在中央國子監讀書。到洪武後期，國子監有八千多位學生，曾經在一年之內，派了一千六百多人出仕當官，明朝這類背景的官員，後來逐漸被科舉取代，國子監的重要性慢慢就減退了。

此外，明朝的國子監制度還有一樣特別之處，就是非常能夠貫徹朱元璋高壓管治的行事作風——強迫讀書。國子監這八千個學生，每隔三天便要背書，內容包括朱元璋發明的《大誥》一百字，《四書》一百字，《五經》一百字。然後，每個月要作六篇文，欠交功課便要用竹片打屁股，一直打到半死為止，還可以發配你充軍，所以國子監跟監房根本分別不大。最初任教國子監的人叫宋訥，作風十分嚴酷，簡直把學生當作囚犯。若這套制度搬到香港推行，就相等於高壓式教育、填鴨式教育，除了一定要背書和默書，更不准外出，違規的小則打屁股，大則會充軍，也不能說不可怕。

另外，明朝有一樣很不同的，就是考試制度的改變——八股文的誕生。朱元璋在洪武年間開始取士，於是朱元璋和劉伯温二人發明了八股文。我估計實情應是劉伯温想出整套方案，得到朱元璋接納。由明初到清亡五百多年，取士都以八股文為標準。八股文是一種有規定格式的文章。大家讀了中學歷史教科書，可能得出個印象，就是八股文被帝王用作禁錮個人思想的工具，讓士子失去獨立思考的能力。可是我早在十三歲那年，已經很不同意這個講法。誰會發明一種制度，使幫自己管理國家的人變得很愚笨？這根本沒有可能。取士總要有個標準才行。寫經義，即是解釋《四書》，如果你任由考生寫，有些人寫散文，有些人寫駢文，大家寫的文章風格完全不同，考生被鎖在貢院內被逼三日內完成答題，長則可寫十萬字，短則可寫五百字，如何評分呢？只會引致沒完沒了的爭議，如何評分都會有人很不服氣，所以一定要在一個狹窄的範圍裏面，有標準化答案，才容易評比，否則難以比較。其實八股文是一個天才級的發明，只有劉伯温這樣聰明的人，才能發明八股文，但很可惜我看了這麼多書，沒有一本能夠把這個原理清楚地講出來。

在講八股文之前，我先概括一下，中國歷代科舉究竟考的是甚麼：最先有制度化的考試制度是漢朝，稱為「察舉」，它包括多種名目，如賢良方正、茂材異、孝廉等等。後來，「孝廉」逐漸成為察舉中使用較多的一種名目。它的由來是由地方推舉那些孝順和廉潔的人到朝廷去，所以那些被薦的人稱為「孝廉」。到了唐朝，開了很多考試科目，和我們現在香港的公開試差不多，有時考算術，有時考法學，而最重要的兩科，一是明經，亦即是考經書內容。說白了，這一科其實是考記性，出上一句，叫你接下一句，再加上簡單的解釋。那麼進士考甚麼呢？考詩詞歌賦，也考時務策，即是要考生提出解決某些政策問題的方案，或者就某個範疇提出治國的大方向。但較重要的還是考作詩。到了北宋王安石時，他終於突破盲點，發現這很不合理，寫詩出色和做官做得好的確沒有甚麼關係，於是開始規定全部考生要考經文解釋，然後如何將經文應用在日常生活，道德如何教化人民等。經義原有很多解釋，這時就集中採用王安石的解釋為準，以免大家無所適從。後來王安石被舊黨推翻了，考試制度的改革也隨即反覆不定。

劉伯溫按照朱元璋的旨意，創造了八股文這種形式。正如之前所言，你不標準化考試形式，怎麼去評分？只會引起無數爭端。我先解釋一次八股文是甚麼一回事，然後才談談為甚麼八股文是合理、甚至是天才級的發明。有時我實在不得不佩服劉伯溫，單是想到八股文這種形式，已證明他比諸葛亮更聰明。甚麼是「股」？「股」是一對的意思，譬如屁股就是一對，大腿也是股。八股，即是八對的意思，一篇文章按規定分為十個階段，這十個階段怎麼寫，有一定的格式。而一篇八股文，其中有四個階段一定要寫成一對，即是偶文或駢文，用對比排偶，也就是對聯形式，於是四段加起來就有八股。而最重要的，就是看這八句寫的好不好，所以就叫八比文或八股文。又因為是明朝才發明，所以又叫時文，意即「現在的文章」，或者又叫制義。實際上，有說八股文是一種排比對偶的文體，這是指那八句，其他則不是。

內容方面，八股文的題目一定是《四書》上的摘句，有時候因為出的次數太多，就會故意割裂，上下兩句分別是來自不同的章句也可以，甚至在一句中間截斷也可以，但一定要來自《四書》；而意義必定採用朱熹的解釋。不過如果你想再多讀一點書，就會發覺無此需要，因為《四書》就是《論語》、《孟子》、《大學》、《中庸》，裏面包括了大量的道德教條，而朱熹理學並沒有太多解釋，反正中國人為官是基於道德教條去統治，所以不需要認識太多。然後，考生就要發揮《四書》的義理，又即是代聖人立言。聖人每講某句話通常義蘊豐富，於是你利用朱熹的解釋，把它清楚詳細地講述一番，將它的意義發揮到最詳盡。既然是代聖人立言，就不能夠講聖人死了之後的事情，不可以舉例，於是舉例的範圍就會收窄了很多。格式方面，每一篇八股文大約七百字，即上下相差十至二十個字，而全文分為十個部分，就是破題、承題、起講、入題、起股、出題、中股、後股、束股、落下（即是結語）。除了起股、中股、後股、束股四部分必須用駢句，其他六個部分用散文寫成已可。所以八股文不全是對偶文字，而每處用甚麼字去承接都規定了；清朝的版本則是規定「起講」這一部分要用「且夫」、「嘗謂」、「若曰」，「承題」一定要用「夫」、「而」、「蓋」，而末字要用「耳」、「焉」、「矣」諸如此類，即是其實連接詞、助詞都規定了。

八股文最重要的是甚麼呢？那就是破題，要看一篇八股文寫得好不好，很多時就是看破題。現在試舉一篇標準而漂亮的八股文為例，這是清朝俞樾的《不以規矩》。所謂「規矩」，「規」就是圓規，用來畫圓，「矩」是角尺。如果你要畫直角或者圓圈，沒有圓規或矩尺，怎麼可以畫到呢？做事的道理也一樣，所謂不以規矩，難以成方圓；但有些時候，又不能被規矩限死，才有突破現況的可能。所以題目就問你，怎樣去處理這個兩難局面。你要從你的角度，把這個「不以規矩」需要爭辯的地方都指出來，這就是破題。八股文最難的就是破題。破題就是點出題目，而解答題目的關鍵就要在這裏提出。譬如這一篇的「破題」：

規矩而不以也，惟恃此明與巧矣。

這個破題就是指出為甚麼某些人在某種情況下可以不跟規矩。「惟恃此明與巧矣」——因為覺得自己很厲害，眼明手巧，就可以不跟規矩，也能把事情做好。這個就是破題，你一定要很清楚意義，才可以不離題。人們常常舉例，「月兒彎彎照九州，幾家歡樂幾家愁」，這並不是來自《四書》，但可用來說明破題應如何做。月亮在九州都是一樣，但為甚麼有些人開心有些人愁？破題就是，「在天道有永恆不變者，而在人就有喜樂哀愁之意，天道恆常，人情常變」，這就是破題。其實六股之中，破題最難，其次是八股所用的對仗。承題、起講、入題，都只是考你文字銜接的功夫如何。

夫規也、矩也，不可不以者也；不可不以而不以焉，殆深恃此明與巧乎？

「承題」，就是破了題之後，把上面一句再進一步發揮。沒有規矩不行，而你竟然可以沒有規矩——「殆深恃此明與巧乎」，你覺得自己的聰明超越了規和矩，是嗎？

夫有其明，而明必有所麗，非可曰睨而視之已也，則所麗者何物也？

夫有其巧，巧必有所憑，非可曰仰而思之已也，則所憑者何器也？

「起股」必須對偶，「夫有其明」，開始連接，這就是八股的前二股。「夫有其巧」——你説你不用靠規矩，因為你很靈巧，但「巧必有所憑」——但是都要有東西可以依靠，「非可曰仰而思之已也」——不是可以隨便就想出來。怎樣畫圓和方，「則所憑者何器也」，你沒有規矩而不白想出來，你所依靠的是甚麼呢？總有一套準則依據，即使你不用尺去畫，也要憑藉工具去畫圓和方。

大而言之，則天道為規，地道為矩，雖兩儀不能離規矩而成形。

小而言之，則袂必應規，衩必如矩，雖一衣不能捨規矩而從事。

「中股」，你現在講的是圓規和尺，你脱離了圓規和尺，其實你有一個更大的規矩在後面，擴至最大，就是天道和地道，你能否脱離？天地之道其實也是一種規則。「大而言之，則天道為規，地道為矩」，用天地的義理來做基礎的話，「雖兩儀不能離規矩而成形」，即使陰陽兩儀，也不能夠脱離天地，這個世界有些規矩和道理是永遠不能夠脱離的。「小而言之」，一大一小，這是「大而言之」的對句，即使小如你的衣服，也必須依規矩。「衩必如矩」，即是剪裁自己的衣服，衣領怎樣、袖口怎樣，都要有規矩。大尺度的事物不能離開規矩，小至好像衣服，也不能捨規矩而行事。這組中股其實解釋了所謂的不依規矩，只是不依某把指定的尺，但是這個世界最大的事情也有規矩，最小的也有

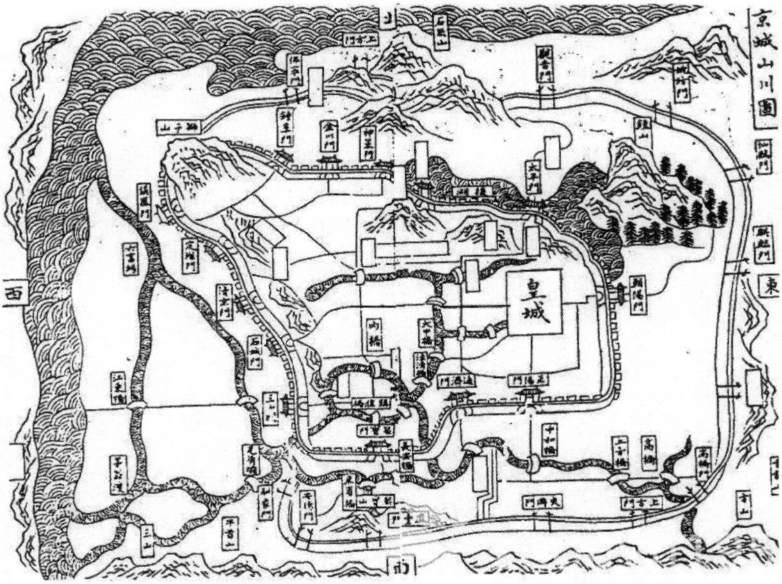

明初「京城山川圖」，載於《洪武京城圖志》，由明王俊華纂修，共一卷。明洪武二十八年（1395）詹事府右春坊右贊善王俊華奉命纂修成書並刊刻行世。

規矩，沒有東西能夠脫離規矩，只不過那個規矩不是你所講的規矩。再看看後二股：

而或謂規矩非為離婁設也，彼目中明明有一規焉，明明有一矩焉。則有目中無定之規矩，何取乎手中有定之規矩？

而或謂規矩非為公輸子設也，彼意中隱隱有一規焉，隱隱有一矩焉。則有意中無形之規矩，何取乎手中有形之規矩？

這一組對仗的意思是，規矩並不是為了天生最巧妙的木匠而設，因為最巧手的工匠，他無須用尺，他用肉眼看就可以了。「彼目中明明有一規焉，明明有一矩焉」，他畫下去就是了。「則有目中無定之規矩，何取乎手中有定之規矩？」即是說其實工匠有一個不存在的規矩，只是手上不須用一個實物的規矩。這進一步解釋了，有些人為甚麼可以不用跟規矩去做事。「而或謂規矩非為公輸子設也」，意思即是這也並不是為了魯班而設。「彼意中隱隱有一規焉，隱隱有一規焉，隱隱有一矩焉，則有意中無形之規矩，何取乎手中有形之規矩」，對仗十分工整。

誠如是也，則必無事於規而後可，則必無事於矩而後可。夫吾不規其規，何必以規？吾不矩其矩，何必以矩？而不然者，雖明與巧有存乎規矩之外，如欲規而無規何？如欲矩而無矩何？

到了結尾，他開始反駁文題。天下所有事情都要依規矩，而所謂的不依照規矩，就是另外一種規矩，於是得到一個結論：如果不用跟規矩是可以的，那麼何須跟你們的規矩？那又應以甚麼為規矩？所以明和巧是超乎規矩之外的「規矩」，是沒有規的規，沒有矩的矩。「誠如是也，則必有以代規而後可」——總有東西代替規矩，「夫吾有不規而規者，何必以規？」如果我有不需要你的規矩的規，我心中另有一個規，那麼就不用被你們的規限死我，也不需要有個具體的矩。因為已經有矩在心中，不用你們限制我。「而不然者，雖明與巧有出乎規矩之上，如規而不規何，如矩而不矩何？」因為我心裏存有規矩，那個規矩是凌駕了你那個實體的規矩，所以我就不需要依照規矩，這一段真正意思就是這樣。這篇八股層層推理，思想細緻而準確，可以証明要寫到極好的八股文，不能靠背誦而得，對頭腦思維都有極高要求。

八股文發明了六百年，但為甚麼沒有人能夠在一篇七百字的文章裏面創新呢？第一，你要對《四書》有所認識，如果不認識《四書》，根本答不出來，甚至可能連題目也不會明白。第二，你必須熟讀朱子的《四書章句集注》，並一定要依據他的解釋，才可以寫出一篇合乎規格的八股文來。而最重要的是，這要靠聰明才智，因為不是只把書背出來就可以，也考你的理解是否正確，然後用第二套方式把意思表達出來。破題最重要，是考你能否可以捕捉到問題的精神。然後連接的全部是散文，這是考驗你是否具備寫散文的功力，而能寫得短小精悍；再考你怎樣運用起承轉合。為甚麼必須要有八股呢？又回到上文的範例「大而言之，則天道為規，地道為矩，雖兩儀不能離規矩而成形，小而言之，則袂必應規，夾必如矩，雖一衣不能捨規矩而從事」，你寫得出這些，代表你會寫對聯，即是說別人請你題對聯，你可以隨手拈來。而明朝的法官判案，全部基於《四書》義理，然後用偶句寫成判詞。那亦等於懂得作詩，因為作詩最難的是對仗和音韻；同時也等於懂得寫書信。因為八股文要求起承轉合，它是一種應用文的混合體，巧妙在於，它既考你的書本知識，也考你用字準確，於是就將所有日常書信來往公文對聯全包括在其中。正如《儒林外史》說法，如果你八股文功夫做得深，甚麼都可以應付，好像一鞭一血印一樣。

劉伯溫這項發明真的聰明絕頂。八股文可以精準地達到考核人才的不同要求，要考得好真的很難，加上它用上一定標準，那更加考功夫。所以以後五百多年，一直沿用這套方法取士，雖然舉人、進士只考三場，但後面兩場並不重要，只看頭一場考生那篇八股文水平高不高，分數主要基於該篇八股文，其他內容不要太離譜就可以。為甚麼這種考試巧妙？我告訴大家，原來當時為了堵塞作弊的可能，考試的全篇文字會被人抄錄過一次，考生用墨筆，謄錄者用朱筆，又有「糊名」或「彌封」（即是把考生名字、籍貫等資料遮蓋）的辦法，以免有人看出是誰寫的筆跡而產生作弊問題。而通過這場考試，你的頭腦、學識和文字技巧都過關後，還要考殿試，而殿試則是完全不同的東西。第一，考書法，因為殿試是親手所寫，書法若太難看，不可以做官；第二，考詩，所以有試帖詩，這是考你的文藝功力；第三是考時務策，其實即是對時事發表意見。這是考你對政事的認識，當中最主要是時務策，而這場考試就決定你在進士中的名次。

當然，每件事情總有流弊，八股文也不例外。大家努力去鑽研經典，而經典以外東西就完全不懂世務。由於讀的是古書，古人以後的事情也是全無認識，諷刺的是連歷史也不懂，因為歷史不在考試範圍內。宋濂就時常批評讀書人，你問他們問題，他們只會看著你，因為他們不懂回答。他們可以無知到甚麼程度呢？問他讀過司馬遷的《史記》沒有？他反問甚麼是《史記》。你答《史記》是司馬遷寫的，他就問司馬遷是誰啊？讀書人不懂歷史，思想長期僵化，就會變成這樣。但無論如何，每樣事情也有其時代限制性，但審其原旨，八股文仍是非常厲害的發明。

第四章

大殺功臣的歷史冠軍

大殺功臣的歷史冠軍

第四章

歷史上過橋抽板的開國皇帝，只有劉邦可以跟朱元璋分庭抗禮。劉邦第一個找來開刀的人，就是冒死替他掃蕩群雄的韓信，其後逼反韓代燕三個異姓王，殺英布於九江，斬彭越為肉醬，甚至當年一同喝酒玩女人的樊噲也差一點就成為刀下亡魂。朱元璋將公主嫁予功臣之子，但就算對了親家，下詔誅殺絕不手軟，例如將第一功臣李善長全家抄斬，逼長勝將軍傅友德御前自刎。胡惟庸案和藍玉案前後株連十萬人，再加上空印、郭桓二案，洪武一朝上演的大屠殺，足以令朱元璋奪得中國帝王界別的殺人賽錦標。

1 淮西功臣與浙東文人鬥法

洪武元年，朱元璋以李善長和徐達為左右丞相，此時李善長已經追隨了朱元璋十五年了，一直以來是朱家軍的CEO，朱元璋定下大方向，細節交由李善長執行，可以說李善長就是朱元璋的蕭何。李善長的優點是有威望，善溝通，與大部分將領關係都好，遇上緊急情況，朱元璋交全軍給李善長統領，眾將都願意聽從他的指揮。另外朱元璋始終是武人性格，與諸將吵起來，都是靠李善長居中調停，來來回回傳達意思。所以朱元璋從起兵到稱帝的時期，都很尊敬李善長。朱元璋稱帝那一年是四十一歲，而李善長已經是五十六歲，在古代已經可以稱為長者。不過，李善長只是小知識份子，論學問計謀，遠遠不如劉伯溫。劉伯溫懂天文地理，戰略眼光很厲害，每每事後都能證明他的建議完全正確。朱元璋是甚麼事都問劉伯溫，但同時也很忌諱劉伯溫，而李善長當上了開國丞相之後，為人開始變得傲慢，在朝政上常和劉伯溫產生衝突，竟逐漸演變成整個淮西集團與浙東派文人的黨爭。朱元璋講過，如果要建立一個國家，文武都要並用，武臣或將軍是樑柱，用來築起大殿，文臣或有學問的人是裝飾，令大殿富麗堂皇，可以住人。明初武將主要屬於淮西集團，而文臣當中則浙東派越來越重要。

李善長和劉伯温頭一遭開火，關乎李善長在中書省的下屬李彬。李彬貪贓枉法，被劉伯温逮個正著，劉伯温是御史中丞，御史中丞的職責就是監督百官，就像香港廉政公署直接向特首負責一樣，所以他認為沒有必要通報李善長，直接上奏朱元璋。朱元璋那個時候正正去了汴梁和徐達、常遇春開會，朱元璋就告訴劉伯温可以殺了李彬。李善長收到消息，為了保住李彬，馬上去見劉伯温，說先生你熟知天文，現在應天久旱無雨，這個時候是否適宜殺人呢？殺人有傷天和，旱情可能更嚴重，先生能否再考慮一下？李善長心想，我本身官位比你劉伯温高一級，我現在低聲下氣問你，你怎樣也要給我幾分面子吧！只要將事情拖到朱元璋回京，他就可以再嘗試再求朱元璋看看。怎料這個劉伯温，只用六個字答李善長：殺李彬，天必雨。劉伯温一副「睬你都生芒果」的面孔，二話不說就殺了李彬。如此劉伯温就把李善長開罪了，兩個人從此便水火不容。

當朱元璋回到應天，李善長就動用手下淮西集團的人不停攻擊劉伯温，而料事如神的劉伯温這一次又不太好運，殺了李彬之後，應天仍然很久沒有下雨，這時候劉伯温決定申請回鄉休假，朱元璋批准了。在劉伯温返鄉前，他和朱元璋有過一段關於丞相人選的對話，這段說話可以看出兩個人之間的心計之深。朱元璋稱帝後，也察覺到李善長開始有專權的傾向，加上他和淮西的將領關係太好，令朱元璋有些不放心，於是就問劉伯溫，李善長身體不是很好，我想讓他退休，誰人可以當丞相。劉伯溫說，我心目中都沒有甚麼人選。朱元璋就問，楊憲怎麼樣啊？劉伯溫一聽到，就覺得朱元璋在試探他，因為楊憲跟他同是浙東派，兩人非常老友。於是劉伯溫立即說，楊憲這個人有丞相的才幹，但作為丞相，需有公平公正、只以義理為權衡的修養，這一點他就不足了。朱元璋就想，你劉伯溫真的不會乘機舉薦自己人？所以再問，汪廣洋又如何？汪廣洋同是浙東派。劉伯溫就說，汪廣洋才能淺薄，氣量比楊憲更不如。朱元璋再問，那胡惟庸怎麼樣呢？李善長當時正銳意提拔胡惟庸，胡惟庸當然是屬於淮西集團。劉伯溫回答，胡惟庸現在官職尚低，所以很聽話，如以駕車作為譬喻，遲早會造成翻車。事後證明劉伯溫這番話是有遠見的，說他會搞到翻車，其實就是暗示他會作反。但朱元璋聽到心裏只有不高興，嘴裏卻說，看來丞相非由先生擔任不可了。劉伯溫立即推辭，說我這個人嫉惡太甚，我太討厭壞人，會得罪太多人，而且沒有耐性處理繁瑣的政務，會壞陛下的大事；天下何患無才，皇上可以慢慢再選擇。朱元璋心想，個個人都給你數落不特止，還說有很多壞人要對付？壞人在哪裏？在朝廷嗎？為何連我也不知道？劉伯溫已經答得很小心謹慎，但還是免不了朱元璋的猜忌。劉伯溫也知龍顏不悅，但臨行前還是向朱元璋建議兩件事。第一要小心王保保，因為朱元璋認為短期內可以徹底消滅北元，後來果然出現王保保在漠北大敗徐達的那一場戰役。第二是放棄在鳳陽建設中京。結果朱元璋真的叫李善長退休，但過了一年，就叫李善長復出，說你應該病好了，你給我按計劃將濠州建設成為正式的京城。於是李善長就在濠州起宮殿，並硬將江南富民十四萬人遷徙到這個明日之都。結果搞了幾年，朱元璋終於放棄了，因為濠州實在太窮，地方又小，逼遷過去的高端人口相繼逃走，李善長無法禁絕。朱元璋明白到連李善長也無法將件事搞得成，那就只得承認劉伯温當初的先見了。

劉伯温返鄉，楊憲沒有劉伯温撐腰，立即被李善長解決掉。李善長和徐達是左右丞相乃中書省之首，中書省當中又會設左丞和右丞，楊憲做到左丞，但被頂頭上司參了一本「放肆為奸」，就給朱元璋殺了。李善長雖則解決了楊憲，但自己也「被退休」，而朱元璋就決定擢升汪廣洋做右丞相。這時徐達仍然是左丞相，但他只是掛名而已，作為大將軍經常帶兵在外，沒有真正去管理文官和統領政務系統。汪廣洋的資格老，也因功勳被封為「忠勤伯」。這個人善於書法和作詩，但因為怕得罪人，所以常常去喝酒，借醉酒不去做事，朱元璋對他很是失望。李善長「被退休」了一年，又「被復出」，但他去了濠州，本人不在中樞，他知道始終都要找一個人出來做淮西集團的代言人，於是他推薦胡惟庸。胡惟庸在洪武六（1373年）年取代汪廣洋為右丞相，洪武十年（1377年）升做左丞相，汪廣洋則被叫回來重新出任右丞相，短短兩年又被朱元璋踢走，只剩下胡惟庸當左丞相，直到洪武十三年（1380年）掀起大案完蛋大吉為止。

胡惟庸是怎樣發跡的呢？他當然是淮西人，但他與李善長是小同鄉，兩個都是定遠人。中國人的政治從來都是這樣，大家是老鄉，自然要互相關照。朱元璋打和州時，胡惟庸已經跟隨朱元璋，他首先當寧國縣僉事，然後升為知縣，再升為吉安府通判，通判即是府的第三把交椅。然後他再升做湖廣行省僉事。如果以以太平時期而言，他由縣官升做府官、再做行省的官，速度相當快。可是，同期比他升得更快的大有人在，因為朱元璋的地盤擴充得很快。到了朱元璋自稱「吳王」的頭一年，他才進入中樞，就做太常寺少卿，那是負責禮儀的事務，所以到朱元璋稱帝、登基和開國大典等重要事情他辦得妥當，就終於得到飛黃騰達的機會。到李善長知道將要放下權力那一刻，就推薦他做中書省參知政事，那就可以列席中書省的會議，與聞最重要的機密。這已是丞相級的地位。朱元璋跟劉伯温提過三個丞相人選，楊憲未封相就殺了，汪廣洋拜相後卻又貶了，結果還是要跟劉伯温鬥氣，升胡惟庸做丞相。

雖説這時朱元璋心中對劉伯温不滿，但有重要的事情仍然會寫信去問他。劉伯温回到浙東家鄉，有一次他回信給朱元璋時，提到家鄉附近有一塊地方叫談洋，近來成為鹽梟聚集的地方，長此下去，一則騷擾他家鄉附近的治安，二則方國珍當初都是組織這些海上亡命之徒成為一股勢力，所以建議朱元璋在那裏設立巡檢司，即是在那裏搭一個兵營，維護地方的治安和防範亂事。劉伯溫千算萬算，卻算不到這件事可以成為胡惟庸對他出手的機會。胡惟庸問朱元璋，陛下你知道為何誠意伯這麼急要請你在那塊地方建軍營呢？我聽說那一塊地方有皇氣，士兵到那裏趕走附近的居民之後，我估他會用這塊風水地來做自己的陵墓。其實風水的學問，臣也不大明白，但誠意伯看中的地方一定是很好的……胡惟庸這一番無證無據的說話真是很「陰濕」，聽得朱元璋十分生氣，一怒之下竟然將劉伯溫的俸祿，即是米二百四十石一年的人工全部削去。劉伯溫很害怕，覺得留在鄉下會很容易被李善長和胡惟庸整死，於是他心生一計，為這件事情主動入京向朱元璋謝罪，然後就在南京城賴著不走。他主動讓朱元璋監視他，朱元璋反而會放心，而胡惟庸正正知道朱元璋會監視劉伯溫一舉一動，如果他整劉伯溫的話，朱元璋也必然會知道，也就不敢輕舉妄動了。情況就如你住在黑社會大佬的樓下，你是不會覺得危險的，因為會有兩架警車全天候停泊在你樓下，警察監視你樓上的鄰居的同時，變相等同幫你看門口。

不過最後胡惟庸還是找到機會向劉伯温動手。洪武八年（1375年）正月，劉伯温染了風寒，朱元璋知道後，就叫胡惟庸去探望劉伯温，還帶上了太醫去為劉伯温看病，太醫開了一些藥方給劉伯温服用。劉伯温服用後，到了二月某日，有機會入宮面聖，朱元璋問起他病好了沒有，劉伯温就説太醫開了那些藥給我，我服用了後沒有變好，反而覺得病情加劇，而且我覺得胸口常常好像有一塊石頭壓著的感覺。朱元璋聽了完全沒有反應，沒有説要找那個太醫來問，也沒有説要換一個太醫給劉伯温診症，只淡淡的安慰他説，那可能只是你過份擔心所產生的幻覺而已，你放鬆心情，病就應該好了。劉伯温聽了，感到很心寒，認為朱元璋就算不是立心想除去他，對自己生死也是毫不放在心上。劉伯温既然有了這番覺悟，也就不再理會有沒有危險，決定回浙東鄉下等死，之後四月他就死了，享年六十五歲。

洪武十三年，胡惟庸案發，朱元璋公佈胡惟庸的罪狀之一，就是向劉伯温下毒，朱元璋後來和劉伯温的兒子也是這麼説的。後人懷疑是朱元璋授意胡惟庸毒殺劉伯温，我的判斷是沒有可能，劉伯温應該是死於自然。請大家看看劉伯温從病到死的時序，胡惟庸正月帶太醫去為劉伯温看病，開下藥方，劉伯温二月入宮去見朱元璋，告訴朱元璋他病況惡化，三月還可以動身返回老家浙東，到了四月，才在家鄉病死。世界上是沒有一種毒藥，吃完之後一個月才發作，再過兩個月才死。現代科技都未必做到，更不用説是古代，類似的毒藥只存在於武俠小説之內。劉伯温説他腹中好似有一塊石頭，這個病徵似乎是肝癌。劉伯温説自己嫉惡太甚，但又給胡惟庸中傷，令朱元璋削去他的俸祿，他當然是下不了這口氣，性情剛烈的人又經常壓力大，這類人是很容易會有肝癌的。

2 由廢相掀起的大屠殺

李善長在洪武十年被朱元璋召回南京，吩咐他和李文忠二人監管中書，因為朱元璋也開始覺得胡惟庸有點不妥。只是李文忠常常勸朱元璋不要殺太多人，要寬減刑罰，朱元璋覺得不中聽，於是又調派他管大都督府和國子監。沒有李文忠看管胡惟庸，朱元璋決定叫本來貶了官的汪廣洋回來，再封他做右丞相，而胡惟庸就升半級當左丞相，希望汪廣洋能幫他牽制著胡惟庸。結果這個佈置又失敗了，汪廣洋這個人的性格是完全鬥不過胡惟庸。

胡惟庸真正出事，要由占城的使者在洪武十二年（1379年）來南京入貢説起。占城即是現在的越南中部，占城的使者來到京城進貢，胡惟庸和六部竟然沒有通知朱元璋，收了他們的東西就讓他們走了。朱元璋知道後就很生氣，説為甚麼這麼重要的事情竟然沒人告訴我，要立即追究。汪廣洋和胡惟庸就把責任全部推給禮部，禮部又推説是汪廣洋叫他們不用告訴皇帝的，雙方各執一詞在御前吵起來，結果朱元璋再次貶了汪廣洋去廣南。但朱元璋越想越不順氣，覺得他很沒用，叫他來看住胡惟庸，他反而和胡惟庸勾結來瞞騙自己，於是將汪廣洋賜死。誰料汪廣洋的死，又查出另一件事。話説汪廣洋死了，他有一個妾侍也自殺了，不知是自動殉情還是被逼自殺陪死。但朱元璋竟發現，這個妾侍是來自一個犯罪縣官家中的婦女。根據大明律例，犯官的家小只准發配給有軍功而封了爵的人，沒有説過可以許給丞相。這真的是根本是在捉字蝨，汪廣洋已經封了「湖廣伯」，他又做丞相、又做伯爵，又有誰會走去司法覆核，説丞相強搶民女違憲？但朱元璋就是要追究是誰人批准的，而批准的人正是胡惟庸，在六部也獲得通過。於是朱元璋就嚴詞申斥，原來由丞相到六部每個單位都違了憲，沒有法治觀念。這時汪廣洋剛剛被賜死了，胡惟庸物傷其類，當然非常害怕下一次是輪到自己收工。

就在這敏感時刻，偏偏又遇上胡惟庸的兒子出事。他長子坐的馬車，在南京城中橫衝直撞，結果被拋出車外當場死亡，但駕車的車伕卻沒有死。胡惟庸當然很是「肉赤」，趕去現場，即時把他兒子的「司機」當場打死。朱元璋得知這事情後，又是大怒，把胡惟庸叫來，對他說，你身為丞相，怎可以不經審訊、濫用私刑打死百姓？胡惟庸當然說自己很慘，死了個兒子，而且是長子，這個人醉酒駕駛，可能還有吸毒，是醉駕加藥駕，不負責任地超速令兒子身亡，講了很久，涕淚交流，講到最後，說最多我跟車伕家人談賠償，甚至任對方開甚麼條件，黃金玉帛都可以。朱元璋看著他，目無表情只是說一句：「一命抵一命」，隨即轉身就走了。胡惟庸當即呆了，心想這甚麼意思？難道到是用丞相的命來抵車伕的命？講到這裏真的要說一句，歷史真的會重複發生。2012年，中國全國政協副主席令計劃的兒子令谷攜同兩名女伴駕駛法拉利跑車在北京發生嚴重車禍，令谷當場死亡，兩名女伴後來都傷重不治。媒體事後報導，令計劃出動了中共中央辦公廳警衛局封鎖車禍現場，企圖封鎖消息。後來主流媒體的評論，都認為這一場車禍是令計劃倒大霉的直接原因，不單斷送了晉身中共中央政治局的仕途，結果更被開除出黨，因受賄和濫用職權罪被內地法院判處無期徒刑。所以搞政治，修身齊家的確很關鍵，「成功需父幹，淪落因敗兒」，至少歷史上有兩個人辦。

說回朱元璋，其實胡惟庸的生殺大權一直操在他手上，為何他對胡惟庸不滿，卻又隱忍不發呢？現在歷史教科書通常都會講，朱元璋因為胡惟庸案而廢丞相位，但有沒有人思考過，是朱元璋想廢相才殺胡惟庸呢？原理是這樣的，在朱元璋手下只有兩款 style的丞相，第一款是李善長和胡惟庸，他們勇於任事，稱得上能幹，但你分權給他們之後，他們就開始專權，而且權力越來越大，會威脅到皇權。第二款是汪廣洋，甚麼主意都不敢出，這種丞相有等於無。只是，中國歷史古往今來都有丞相一職，是用以輔佐天子的，朱元璋想要一個藉口，去推翻丞相這個「自古以來」的制度，因為他不能容忍一個權力很大的丞相，卻又不可以有一個沒用的丞相。所以，他可能是有心縱容胡惟庸，讓他放縱驕奢一點，等到他推翻丞相制度時，就沒有人會反對了（有點類似「鄭莊公克段於鄢」的故事）；而胡惟庸又的確得罪了很多人，竟然連徐達也得罪了。話說胡惟庸當初想結交徐達，不被理睬，胡惟庸竟然想買通徐達府中的看門人，計劃向徐達出陰招，但那看門人對徐達很忠心，將事情一五一十告訴徐達。徐達表面上沒有對胡惟庸有甚麼動作，但也叫朱元璋小心胡惟庸。所以去到朱元璋要對付胡惟庸那一刻，根本不會有人幫胡惟庸求情，然後朱元璋就順理成章廢相，進一步實行全面專制。

結果胡惟庸急謀造反，但他造反不成被朱元璋落鑊的經過，一直有兩個版本。

第一個版本，是胡惟庸找來自己的的契仔涂節，和另一個叫陳寧的人，三個人在一個深夜商量，如何收買了一些曾被朱元璋責難而心中有鬼的武臣，暗裏說服他們入京一起造反。第二天早朝，他們三個都在殿上，朱元璋看見這三個人的臉色有異，喝問你們三個是不是有事情隱瞞我。涂節這個反骨仔竟立即告發自己的契爺胡惟庸和陳寧造反，於是胡惟庸便立即被捕。這是記載於《明史．奸臣列傳》的版本。第二個版本，是來自《明史紀事本末》，話說胡惟庸下定決心殺朱元璋後，就告訴朱元璋說他家裏的井突然湧出「醴泉」，「醴」是好的意思，井裏忽然湧出很清甜的水，古時出現甘露是祥瑞的一種，所以立即請朱元璋親眼看看這天降祥瑞。朱元璋由宮中出門，差不多去到胡惟庸家一刻，突然有個太監跑出來截停朱元璋的行列，因為走得很急，氣喘得說不出話來。朱元璋認得他是一個名叫雲奇的太監，這樣攔住他不知何故，朱元璋第一個反應就是暴怒，叫身邊的侍衛亂棍就打。雲奇仍然說不出話，被打得軟癱在地上，手指指向丞相府的方向嗚嗚作聲，然後就死了。朱元璋一想，不妥，立即掉頭登上皇城城牆一看，看見胡惟庸家裏充滿了伏兵，朱元璋終於知道胡惟庸要造反，於是立即派錦衣衛去胡惟庸的丞相府拉人封艇，這個故事叫做「雲奇告變」。

「雲奇告變」這一個版本，我斷定是沒有可能存在的。第一，說胡惟庸邀朱元璋去看醴泉，然後伏兵去殺朱元璋，這個情節和唐朝的「甘露之變」完全一樣，根本是翻版，胡惟庸沒可能蠢到用這條舊橋，而且是失敗的舊橋去殺朱元璋。第二，須知道經過占城入貢事件，又經過他的兒子死亡事件，朱元璋和胡惟庸的關係已經非常緊張，胡惟庸不可能會在這個時機請朱元璋到他家看神奇事物，因為朱元璋根本不會去，尤其是他為人多疑。第三，朱元璋登上皇城城牆下望，看見胡惟庸家裏有伏兵，這是不合常理的。胡惟庸不是住在皇城旁邊，丞相府距離皇城至少十幾條街以外，皇城城牆最多是我們現在的三四層樓高，這麼遠的距離上根本是看不到的，所以説整件事只是虛構。事實上「雲奇告變」這個故事，是在嘉靖年間才開始有紀錄的，嘉靖朝與洪武相差超過一百年時間，所以可以肯定，「雲奇告變」是當時的人穿鑿附會的故事。

總之，朱元璋借胡惟庸案裁撤了中書省，亦即是廢相。其實他不單止廢相，他還裁撤了大都督府，改為五軍都督府，將原本大都督的職權一分為五，皇帝就變成了首席軍人。皇帝也是首席行政官，六部的尚書已經是朝廷最高的官，而他們只不過是二品官。朱元璋連御史大夫這個職位也廢了，改設都察院，最高級是左都御史，但他不是主管，只不過是御史之間的領袖，每一個御史都可以獨立彈劾別人。朱元璋就是這樣徹底把臣子的權力全部拆散，他覺得這樣做就再沒有人能夠威脅皇權了。不過後來時移世易，雖然沒有丞相之名，但擁有近似丞相實權的官職重新出現，那就是首席大學士，即是首輔。嘉靖的嚴嵩、萬曆的張居正，他們數度運用政治手腕集中權力之後，可以稱得上是無名有實的丞相。

胡惟庸被誅三族，往後十幾年陸陸續續揭發更多人受到株連，到最後竟牽涉到李善長身上。胡惟庸是李善長培植出來的，被他推舉為淮西功臣集團的代表，集團的精神領袖是李善長，實際操作的領袖是胡惟庸。胡惟庸起家靠李善長，自然全力討好李善長，把侄女嫁了給李善長的弟弟李存義的兒子。洪武十三年胡惟庸被殺後，洪武十八年李存義父子被打成胡惟庸一黨，朱元璋還是給面子李善長，親自下旨對李存義父子格外開恩免死，只把李存義充軍去了崇明島。但陸續有很多人被揭發是胡惟庸黨，淮西功臣集團當中，尤其是親近李善長的人，一個接一個被捕和被殺，李善長應該知道遲早會輪到自己。我的判斷是，李善長太熟識朱元璋了，知道朱元璋最後會殺他，所以他不再掩飾他的感受，而做出一些動作來直接表達不滿。譬如李存義沒有受到株連，只判以充軍，但李善長沒有上表謝恩。以朱元璋這麼嚴厲的人，仍放過李存義，明顯是給了李善長很大面子，但李善長竟然「唔該」一句都沒有，而明知這樣會得罪朱元璋的，所以說李善長可能已經豁出去了。

通常牽連大獄的案件，就是將一些人關起來屈打成招，大刑之下，供出很多真假難分的內情，然後根據那些逼供，又去捉一批人，令株連的人數以幾何級數增加，而胡惟庸案的株連過程竟然維時整整十年。終於去到洪武二十三年，李善長有一個門客叫丁斌，因犯事被判充軍，李善長為他上表求情，朱元璋一想，一個普通的門客你為甚麼要幫他求情，除非你跟他勾結，於是立即捉了丁斌來嚴刑拷打。他供出了一件事，說有關助胡惟庸造反一事，他當年曾親耳聽到李存義和李善長有三次對話。第一次李善長回答說，你不要說這些，我不想聽，這是會誅九族的。第二次講完，李善長默不作聲。李存義講到第三次，李善長終於說了一句，我年紀老了，我死了後，你們喜歡怎樣就怎樣。這就成為第一件李善長牽涉胡惟庸謀反案的證據。另外，李善長的一個奴僕盧仲謙，也坐實了李善長與胡惟庸之間互相賄贈，經常偷偷私語的事。第二項罪名就說胡惟庸最初可以進入中央做官，出任太常寺少卿，原來是用了三百兩黃金賄賂李善長而成事的。第三條罪就說胡惟庸派了一個人去北元，請北元軍騷擾邊疆，讓南京的士兵調往北方，他就可以趁京城空虛舉事。這個人後來在藍玉進攻北元時被明軍捉到了，供出了這件事，李善長知道抓到這個人之後，就設法封鎖消息，欺君罔上。

首先，說胡惟庸在明朝開國之前賄賂李善長，這件事不可能成立。胡惟庸那時候是很低級的官員，江南戰事頻仍，地方殘破，人人都是那麼窮，根本沒可能輕輕鬆鬆就找到三百兩黃金去賄賂李善長，這是十分荒謬的。李善長賞識胡惟庸是因為大家是同鄉，而且胡惟庸的確有才幹，所以說李善長受賄是擺明冤枉他。找個信使去北元的說法，也肯定是假的。邊疆和南京萬里之遙，要內應外合，以當時的通訊條件根本辦不到；而且洪武十三年徐達尚在，朱元璋有他在外領軍，根本不需要動用南京的軍隊。這兩件事就是連朱元璋自己都不相信，後來都沒有再提起。朱元璋只是相信，李善長有說過等他自己死了之後，李存義愛怎樣做就怎樣做的那一句話。朱元璋心想：你李善長身為功臣之首，知道有人造反，你不告訴我這個當皇帝的，你就是徘徊觀望，你已經應該死。不過我覺得就是連這件事也是假的。胡惟庸根本是到了最後一刻，才被朱元璋逼到有造反的企圖，但第二天已經被捕了，胡惟庸並沒有一個詳細完整的造反計劃，所以更加不會一早去找李善長幫手。

總之欲加之罪，何患無辭，朱元璋很想相信李善長是有罪的，因為李善長的存在，始終令朱元璋感到威脅。但有罪是否一定要殺，朱元璋猶疑了一段時間，因為他和李善長關係十分深厚又是兒女親家，他最後決定殺，竟然是因為收到的欽天監例行報告，提到近日星象有變，殺個大臣可以消災！李善長那個時候已經七十七歲，朱元璋叫他來見最後一面，他一句話也沒有和朱元璋說，他明知講甚麼朱元璋也不會聽，他太瞭解這個人了，他已經幫助了這人三十九年，使他由一個農民軍的低層小頭目登上帝位，還是落得今日的下場！朱元璋殺了李善長一家七十多人，兩個兒子因為是駙馬而免死，還讓他們出任禁軍的軍職，這是朱元璋式的寬宏大量。

胡惟庸案一直鬧到洪武二十五年（1392年），還有下文。靖寧侯葉昇因「交通胡惟庸」被殺，而葉昇本人是藍玉的姻親，這就變相揭開了藍玉案的序幕。在這一場殺戮當中，淮西功臣集團自是死傷枕藉，最無辜的是原本與淮西幫不和的浙東派竟然也遭殃，浙東四先生之一的宋濂，他的長孫也被指勾結胡惟庸給殺了。朱元璋一度把宋濂全家捉起來，準備落手，馬皇后即趕去勸朱元璋，說宋濂是太子的老師，全國的讀書人都很尊重他，連平民百姓都知道我們請了個賢德的人教太子讀書，所以百姓才尊敬我們皇家。現在你竟然要把宋濂滅門，我們怎向天下交代？朱元璋還是堅持要殺。結果那晚吃飯之時，馬皇后就是坐在席上，不動酒肉，朱元璋問她原故，她說要為宋濂修福。朱元璋畢竟尊重馬皇后，於是答應赦免宋濂，改為把他全家流放至四川，而宋濂終病死在流放的路上。

3 藍玉的冒起

在洪武五年，徐達越過沙漠往攻北元，其實是遭遇到挫折。之後，徐達就沒有再北伐。可以說是英雄垂垂老矣，他那個時代完結了！也可以說，徐達的政治生涯也差不多走到尾聲。到了洪武二十年（1387年），四川、雲南、貴州已全部收復，中國徹底統一，所以到這時方又再出兵攻打北元。王保保在洪武八年已經去世，這個時候北元依然是分為三股勢力，就是元順帝的孫據有漠北沙漠，另有丞相納哈出控制著遼東和高麗；河西走廊則是瓦剌人的勢力範圍，他們亦即是河西的蒙古族。

這時徐達已經死了，於是朱元璋就派出馮勝出戰。至於徐達是怎麼死的，下文再講述。馮勝文是徐達後的首席大將，故此後來打雲南、貴州，全部是馮勝擔任大將軍，總之沒有徐達的日子，幾乎都是由馮勝領兵。到了洪武二十年，攻納哈出的任務自然落在馮勝的手上，而他的副將就是藍玉。藍玉是常遇春的妻弟，亦可以說他根本就是常遇春的徒弟。這場仗的第一著是攻打應州，朱元璋就告訴他，非要打下應州不可。如果納哈出把軍隊集中在應州，這個就是絕佳的獲勝的機會。如能在應州大敗納哈出，之後就應繼續追擊他。

朱元璋這次可說是料事如神，納哈出果然中計，真的集中兵力守應州，於是馮勝和藍玉很快打敗了他，然後就如朱元璋所命去繼續追擊。其實納哈出兵力不弱，少說也有二十萬大軍，而馮勝他們只有十幾萬大軍。不過原來朱元璋還有一道妙著，就是中國人自古以來也深信不疑的潛規則——賄賂。他派人備了巨款去向納哈出的手下勸降，說投降明朝以後就有好日子過。納哈出的手下不但自己投降，還全部出動去勸降老闆納哈出。納哈出也不是甚麼硬骨頭，利之所在，他就真的來投降，還帶同五百個侍衛。藍玉見他衣服破舊，主動把自己衣服脫下來給他穿。但納哈出拒絕，說因為他是蒙古人，穿的衣服是不一樣。但藍玉卻堅持說他不穿就是不給面子，兩個竟然因此而吵了起來。常遇春的兒子常茂當時也在場，以酒潑向納哈出，納哈出當場翻臉，而常茂居然拔刀把納哈出斬傷了。因為這一番爭執，差一點就搞砸了朱元璋的勸降妙計，幸好結果終於也成事了。

到這一支元兵完全投降了，明朝就控制了遼東女真，及至高麗。但回程的時候，馮勝就叫人不斷向投降的蒙古王妃敬酒，用意其實是勒索他們的珠寶，尤其是遼東的東珠。馮勝這一手真的大有收獲，但又怎能逃過朱元璋的法眼？朱元璋二話不說就把馮勝逮捕了，但大軍總得有個人領導，於是副將藍玉便順理成章升了一級。有了這個上位的好機會，藍玉就漸漸變成了洪武晚年最厲害的大將。

收服遼東之後，就要越過戈壁沙漠攻打北元了。藍玉聽説元朝的皇帝就在這附近，於是他命全軍十五萬人一個月內在大風沙中向北面推進，一點聲音都不准發出，就是煮飯，也要掘個洞，在地底下面煮。其實無論怎麼小心煮，也不免冒出炊煙，更何況整整十五萬人煮食，究竟實情如何？這一點歷史書全部沒有解釋清楚。那邊廂，大軍一直聽説元軍在這裏，但要進攻又渺無人跡，那如何是好？糧食也快要不夠了。這時候藍玉叫了全部主將來開軍事會議，但各人的説法也莫衷一是。這次藍玉終於證明了他的軍事天才，他憑直覺知道元軍一定還在附近，就再派哨兵出去，半夜在幾十里外，尋到停駐呼倫湖附近的元軍。藍玉於是領軍在風沙中突襲四十里，那時候元主還是在飲酒。在大風沙中，元軍可説毫無準備，藍玉帶兵殺到，結果俘虜了八萬多元軍、五萬幾匹牛羊，元朝連國璽都失去了，王子王孫妃嬪全部被擒，連北元計算在內，元朝真正覆亡了。藍玉達成了徐達以前做不到的事，當然志得意滿，他説伯仁啊伯仁（伯仁就是常遇春的名字），我們終於達成了心願，我對得起你了。於是藍玉就成為洪武末年最主要的將領，直至藍玉案的發生。

4

一代名將的荒涼下場

藍玉功勞大得連朱元璋也説藍玉「就是我的衛青」，也等於是唐太宗的李靖。但是藍玉自恃軍功，言行舉止開始肆無忌憚。首先竟然侵犯元朝皇帝的妃嬪，那位妃子脾氣也很剛烈，不堪受辱立即自盡了。而藍玉不但貪污戰俘的財物，更在邊關撒野。邊關守門人開門開得慢了點，他竟命人拆了邊關衝進去。這些莽撞的行為，當然令紀律嚴明的朱元璋很生氣，但礙於藍玉的功勞，也必須獎賞他。藍玉原本已經封了做「梁國公」，但他犯了這麼多錯誤，就棄用了「梁國公」的封號，改封「涼國公」。兩者意義上很不同，眾所周知，戰國七雄的魏國是一個大國，魏惠王將魏國首都遷往大梁，所以《孟子》稱魏惠王做「梁惠王」，所以魏國也是「梁」，正如商朝遷都殷墟，又叫殷朝一樣。但「涼」是涼州，指西涼那些窮鄉僻壤，西邊的偏遠地方。

藍玉還真不會看人「眉頭眼額」，居然連這麼明顯的危險訊號也察覺不到。朱元璋把馮勝和傅友德封了做太子太師，等級都比藍玉高了一級，而藍玉只是封了做太子太傅而已。藍玉很不高興，就説「我不堪太師耶？」即是我不配得做太師嗎？天哪，那是可以問的朱元璋的問題嗎？那根本就是玩花式自殺嘛。藍玉當然馬上被扣上造反之罪，某天藍玉上朝，就即時被朱元璋逮捕了。這就是藍玉案的開端。

朝上朱元璋質問他，現在有人說你造反，藍玉當然矢口否認，並說很多人可以為他作證，包括吏部尚書詹徽。我稍後會講這人的故事。他就喝令藍玉，你不要亂栽陷其他人。因為他一說誰人可幫他作證，朱元璋就會逮捕誰。誰知藍玉即時大呼，說詹徽就是他的同黨。朱元璋平時不見得那麼信任藍玉，但這回卻很「相信」他，把他指證的人都逮捕了。結果連最高級的文官吏部尚書也被判死刑。

為甚麼藍玉案會發生？又為甚麼不遲不早，偏是這個時候發生？其實是有兩大原因。第一，所有主要的戰爭已經打完，他攻下北元回來，還掃蕩了幾處治安不靖的地方。在全國太平之下，朱元璋就不再需要靠這些人幫他打仗了。而這個藍玉代表的不是一個人，而是整個淮西功臣集團。這個集團的成員就是常常不聽話，恃功跋扈，朱元璋覺得他們如今沒有利用價值了，就一定是要對付他們。第二，尤其是在這時候，太子朱標死了，改立太孫允炆。朱元璋一想，太孫這麼柔弱，藍玉那班將領這麼驕狂，擔心允炆控制不了他們。他的解決辦法就是把這些人趕盡殺絕，杜絕有人造反的可能。

而且還有一個因素，就是燕王朱棣的挑撥離間。藍玉滅了北元回來，帶了一匹好馬。他拖馬在燕王朱棣面前經過，然後把馬送給他。燕王說不應該送給自己，有好東西應該獻給皇上。藍玉就和太子說，這個燕王我看他不對勁，有造反的意圖，而且望氣者說燕地有天子氣，勸太子要小心。誰知心思單純的太子朱標聽後，以為是趣聞一樁，竟然告訴朱棣，與他分享。所以朱標死了之後，朱棣即會想到，這個人當初說自己壞話，將來允炆即位後，如他還在朝廷，他便不能圖謀大舉了。因為論打仗，他完全不是藍玉的對手，不害死藍玉和那幫高級將領，自己根本沒有贏面。所以有一天他上朝覲見朱元璋，就說現在有些將領在外面，恃住自己有功勞，完全把父皇的法律不放在眼內。雖然他沒有點藍玉的名，但矛頭顯然直指向他。到這一刻，藍玉的保護傘只剩下太子，因為太子朱標的老婆是常遇春的女兒，而藍玉是常遇春的妻弟，所以他是朱標的老婆的舅父，也等於是朱標的舅父了。如果朱標仍然在生，他們的關係會非常密切，藍玉和他那一幫將領，順理成章也會保護太子和太孫，所以首先朱標會幫他說話，另一方面，他們也會向太子効忠。

朱元璋最初也許沒有想過要除去這些大將，因為他們是朱標那一派人馬。但既然朱標死了，朱元璋計劃把兵權交給了自己兒子，讓自己兒子帶兵打仗，因為覺得始終是自己兒子可靠得多，而且他們亦顯示出軍事才幹，於是這些驕兵悍將全部在藍玉一案中被處理掉。不過這樣的做法當然會牽連極多無辜之人，胡惟庸案死了萬多人，藍玉案又死了萬多兩萬人，這些人命即使是視作一堆數字，還是相當駭人。

5 出生入死又如何？推心置腹又如何？

朱元璋覺得天下太平之後，是時候把他的兒子安排在各個軍事重鎮帶兵駐守。尤其是這個時候他的幾個兒子都已長大，秦王、晉王、燕王、寧王，每人都累積了相當的領軍才能和經驗，可以統領幾萬人的軍隊，所以也是時候鏟除那些異姓的將領了。朱元璋老是認為這些異姓將領不聽話，甚至視為賊，只有自己才可以壓得住他們。若有天自己不在了，這些將領是會作亂的，因此要找個理由把他們全部除去。

正如藍玉案，那是徹頭徹尾的一宗冤獄，藍玉極其量只是不懂做人，但單是藍玉一案，朱元璋就殺了兩三萬人，比胡惟庸案還要多，幾乎把整個淮西集團殺得一個不留。藍玉當然是誅三族，而僥倖逃過這一劫的只有幾個人。剩下的幾個他不是下不了手，而是礙於種種形勢上的考慮沒有辦法殺。若細閱藍玉案的名單，加上以前胡惟庸案的名單，大家再仔細算一算，可以説單是此兩案，所有功臣已差不多盡誅。

而這些功臣當中，不乏曾經與朱元璋出生入死的好兄弟。譬如徐達——他是個不群不黨的人，因此可以成為朱元璋最信任的人，甚至少有地授他以大將軍之位，可見朱元璋對他的信任非同一般。那麼徐達做錯了甚麼呢？或者正正就是他因為甚麼都沒有做錯，所以在朝野間威望很高，才觸動了朱元璋的忌諱。一個人是否真的造反了也許並不重要，重要的是他有隨時造反的能力，那就足以令多疑的朱元璋將之置諸死地。

根據野史相傳，有一天，馬皇后和徐達的老婆閒聊。徐達的老婆也是窮苦出身，不太懂得語言藝術，居然説，以前我們大家都是窮苦人家，想不到如今你的丈夫做了皇帝，我們之間的地位就相差得遠了。朱元璋聽了，疑心病又發作，認為那是在投訴他封賞不夠，派人去把徐達的老婆痛毆一頓，最終竟把她活活打死了。既曾是朱元璋的心腹，徐達又怎會不明白朱元璋下一步要做甚麼？但不應該的說話既已出口，無法挽回，徐達害怕到要死，不久就鬱積成病，出了很嚴重的背疽，可能就是今天所說的生皮膚癌。傳說朱元璋得知徐達得了皮膚病，馬上命人送去一隻蒸鵝。民間流行的　法是患有皮膚病絕不能吃鵝，徐達何嘗不知？他是一邊流淚、一邊把鵝吃下去的，之後沒多久就死了。當然你可以說，這只是野史的故事，不一定真確；而且皮膚病人吃不得蒸鵝這件事不是很有科學根據，就算徐達真的吃了，也不一定會死啊！這故事是否真有其事很難說得準，不過從邏輯推斷，朱元璋確實有忌憚徐達的理由。而且，皇帝明知他有皮膚病仍命他吃蒸鵝，要取他性命的用意也相當明顯了。徐達深明朱元璋的脾性，明白即使蒸鵝吃自己不死，自己也得找方法毒死自己，不然死的不單是自己，還可能會累及一家人一同喪命。

至於李善長案，李善長其中的一項罪狀，就是在洪武二十三年，他去問湯和借三百兵，說用來蓋房子；而湯和即場駁斥了他，然後向朱元璋報告，說李善長意圖借兵造反。然而，「李善長問湯和借兵」是根本不可能發生的。因為在那一年初一，湯和已經中風，完全失去語言能力，那李善長又怎可能去問一個中了風的人借兵「謀反」？然後那個中了風無法說話的人又怎可能罵他呢？湯和中風之後，臥床四年才過世，朱元璋沒有對付他，顯然是認為他跟死了差別不大，因此沒有必要殺他。

但功臣當中，下場最慘酷的一個，當數傅友德。

正如之前所講，北伐的時候，傅友德七戰七勝，把河套的元軍全部殲滅，然後不顧身上多處舊患，仍再攻四川、雲南、貴州。他異常勇悍，可說是為朱元璋出生入死。到了洪武二十八年（1395年），他已是爵位最高的功臣僅餘唯一一個「公」。有一次，朱元璋請客，他有一道菜吃不完，朱元璋就指他這樣是大不敬，命他立即出去帶同兩個兒子前來謁見。傅友德於是離席，朱元璋隨即人傳話，把指令說清楚——是要傅友德把兒子的人頭帶來。傅友德真的拿了兩個兒子的首級過來，朱元璋竟然說，哎呀！你怎麼這樣狠心呢！傅友德已從袖中抽出匕首，說你不過是想要我們父子的人頭吧！然後立即在朱元璋面前當場自刎。朱元璋見傅家父子慘死尚且

不夠，還要流放傅家其他沒死的家屬到遼東、雲南。

李善長死了後，六部之中工部有個小官，他名叫王國用，是個郎中，忽然鼓起勇氣，不顧生死上書駁斥朱元璋，為李善長平反。內容大概意思是，李善長和朱元璋一起打江山多年，說他想造反，由自己做皇帝，還可算是個理由；但說他去幫胡惟庸造反，那就很可笑了。第一，要是他幫胡惟庸造反成功了，他可以得到甚麼？他已經七十多歲，是功臣中的第一把交椅，兒子更娶了公主，所有子孫都封了官，自己他日身死，還會追封為王。他就算造反成功，也不會過得比現在好，那為甚麼要賭上自己的性命？而且他慣看元末群雄逐鹿，也看慣稱帝失敗者的下場有多慘，現在要他幫胡惟庸這樣一個人造反，更是根本沒有成功希望，李善長有可能會這樣做嗎？朱元璋其實一句也反駁不了，對王國用也不作任何懲處。不過又如何？掌控生殺大權的他，殺便殺了，又何需一個說得通的理由？

6 空印案：貪方便引發的殺戮

胡惟庸案和藍玉案，就算不用我講，在中學讀過中史的讀者朋友也應該略有認識，知道案情與造反、或曰被誣造反有關。

洪武年間四大案的另外兩案，在香港的中史課程中則較少提及。套用現今大陸流行的講法，就是「經濟犯罪」，可能因為涉及很多會計賬目的細節，學校老師講解起來比較費力。但要用一個比較新穎、也比較全面的角度去了解朱元璋的內心世界，就不能不談這兩案。兩案的主線說來卻很簡單，就是一句：反貪污。古往今來，大概沒有人比朱元璋更「嫉貪如仇」，他反貪的雷霆手段，絕對是前無古人，後無來者。那種不惜犧牲多少人命也要達到「效果」之狠辣、殘忍，大概只有後來的老毛可以匹敵。鑑古可知今，尤其是習近平現在也是大張旗鼓的反貪，讀讀朱元璋的反貪故事，嘗試代入朱元璋的心理狀態、了解他的統治特色，或者我們可從中得到一些啟示。

我們可以先由「空印案」入手。空印案究竟何時發生，在歷史書上頗有爭論，有說是洪武九年，另有一說是洪武十五年，現在我們姑且先講洪武九年那個說法。其實錢穆對空印案有個詳細解說，我在此簡單歸納一下，或許有助大家對案件的初步了解。

當時每個地方都有一本賬簿，記錄錢糧的支出和收入，就和我們今天每個政府都有一盤公共開支賬目差不多。這份賬目當然是要上報，而當時的規定就是上報戶部，與戶部對應的賬目做一次核對。若戶部核對後認為沒有問題便完成年結，並以這些數字作為來年賬目的基礎。然而這些數目非常瑣碎，幾兩幾錢幾分的進支，全部必須記錄在案。那是沒有hard disk的年代，單是逐條記錄這些一角幾毫的數目，已夠用上好幾百本賬簿。

就連收回來的稅也要作這樣處理。想想中國歷代要按戶籍系統明晰地抽稅，本已是令官府頭痛得要死的工作，否則洪武十四年（1381年）和洪武二十年（1387年）就不會有那兩部耗費龐大人力物力編製的「黃冊」和「魚鱗圖冊」了。而且幾乎地方上每有一筆支出，或者每收一筆款項，都要上報；最麻煩的是鄰近縣府代收的稅款，或者當地支出資助鄰近縣府，需要雙方對數。這還不計個別地方有些量度出來的數字不同。單是要把這樣複雜瑣碎的數目先互相對上，再跟戶部那一筆核對，還要完全一致才收貨，實在太不可能。今年簽了年結，明年繼續，自然是把未能完全對得上的結餘一年一年的帶下去，兩盤賬目的差距當然又會逐年加大。

有基本會計實務經驗的人都知道，即使今日會計有了如此先進的制度和工具幫助，遇到複雜龐大的賬目，對數時有些微偏差很常見，更何況當時中國沒有今日的複式記賬法。今日的做法是賬目分做兩邊，一邊是借方，一邊是貸方，而每一項交易都會分別在賬目的兩邊做一正一反的記錄，若兩邊平衡，就代表賬目大致上（只是大致上，當然有很多例外）正確。

順帶一提一個當年的笑話。那時候我在李東海的公司做事，香港的會計原則是要求兩邊賬目是必須平衡的，如果數字無法平衡，就必須想辦法把它「調整」到平衡，就必須找出問題所在，改正錯誤，使其達到平衡。我就曾見有個不負責任的會計，把對不上的數粗暴地改到平衡，李東海把那人罵個狗血淋頭，他還偷偷地笑。李東海問他笑甚麼，他居然說想起昨晚打麻將糊牌了真是很好運。那位仁兄的下場當然是即炒無誤，不過如果他生在明代，只怕就不會只是即炒這麼幸運了，殺頭可能還只是最低消費。

地方賬目和戶部那筆對不上，怎麼辦呢？和今天的做法其實大同小異，就先看差距多少，然後按情況修改。那當然是修改地方賬目來配合戶部，於是要把那一本賬簿拿回去地方去重做，然後又拿到戶部去，再作核對，一次過對準確了，當然就最好。若一不小心又有地方錯了，那就又要再來一次。

光是想像都覺得累吧。

試想想，有些偏遠地方，例如雲南、貴州、陝西，他們的官員這樣往返一次南京，可以一去便是幾個月，改兩次的話，明年那盤賬都已在等著了，那豈不等於每年的賬目永遠積壓？那明年的賬目怎樣開始？於是有人想了個「聰明」的辦法：拿一本空的賬簿去戶部，根據戶部的版本填寫上去，那就肯定正確了，也省卻了很多程序和來來往往的折騰。但是當然不是普通賬簿就可以，你要先把地方那個印鑑蓋下去，而這些蓋了印的空賬簿就是「空印」一案的起因。由於對賬的程序複雜到超乎常理，於是幾乎全國都用空印應付。而且錢糧在運輸過程中肯定會有一定程度損耗，出庫時的數字肯定跟戶部接收時的數字是不吻合的。在路上到底損耗了多少，根本不可能預知，只有到了戶部才能把差額點算分明。故此，以空印文書在京城就地填寫實際的錢糧數字，真是合理不過的事。

但終於有一日，這種做法竟然被朱元璋發現了，自是勃然大怒。生性多疑的他立即想到，如果州或縣拿蓋了章的空賬簿上去，不就是可以任意竄改了嗎？那末州縣豈不是可以和戶部的人合謀作弊、虧空公款、中飽私囊了嗎？於是，他一口氣把全部人逮捕。最後此案處死了多少個人呢？數字人言人殊，有人就說根據中外歷史年表，空印案下獄者數百人，也有人說以萬計，反正就是死了很多人。

但是我們確實知道的是，基本上是把所有正印官全部殺了，即是地方的州、縣，所有掌管印鑑的官員全部殺頭，坐第二把交椅的全部打一百杖再充軍。一本賬簿、一個印，就足以掀起一場殺戮，聽來已是相當可怕；不過再講到後來的案件，這宗還只不過是個開端。

我們且計一計當時全國到底有多少正印官。如果你計算到縣的級別，就有起碼千幾個。所以說朱元璋懲治貪污之堅決真是曠古絕今，簡直到了一個完全不怕殺光正印官的地步。這一輪被殺的人當中，還包括了方孝孺的父親。對了，就是後來傳說被明成祖誅十族的方孝孺。他們方家也不知前世做錯了甚麼，姓朱的皇帝對逼害他們總是如此不遺餘力。方孝孺的父親方克勤因為當時任地方官，正好就碰上了這一輪殺戮。

後來竟然又有個鄭士利藉星變天象冒險上書給朱元璋，說這件案其實是冤枉。明代還真是個奇怪的朝代，有這麼多嗜殺成性的皇帝，還有最擅長酷刑逼供的東、西、內廠，但偏偏還會不時冒出一兩個不識死的大臣，一班聲聲入耳、事事關心的東林黨，為了說句真心話而以身殉。雖說鄭士利的兄長也因空印案下獄，但因為不是主印者，其實已得以出獄，但鄭士利明知此一諫必然九死一生，仍然堅持上書，為受空印案牽連者申辯。鄭士利曾言「吾有書欲上，觸天子怒，必受禍。然殺我，生數百

朱元璋征伐北元主要戰役圖

沈兒峪之戰　洪武三年，徐達進攻王保保駐地定西，兩軍在定西以北的沈兒峪交戰，徐達大勝王保保。

傅友德西征　洪武五年，馮勝進軍河西走廊，派傅友德一路追擊，兵鋒達瓜州、沙州，掃平西北。

上都之戰　洪武二年，常遇春攻佔元上都，元順帝北逃和林，惟常遇春回師時病卒。

應昌之戰　洪武三年，李文忠攻佔應昌，俘獲元昭宗嫡長子及后妃王公數百人。

金山之戰　洪武二十年，馮勝、傅友德、藍玉出征東北，在金山逼降北元太尉納哈出，遼東納入明朝勢力範圍。

迤都之戰　洪武二十一年，燕王朱棣乘大雪突襲迤都，逼降北元太尉乃兒不花。

捕魚兒海之戰　藍玉領兵在捕魚兒海襲擊北元天元帝行宮，俘獲大批妃嬪皇族，北元朝廷基本被摧毀。

嶺西之戰　洪武五年，徐達孤軍深入漠北，被王保保設伏大敗，是明軍對北元戰事中的最大敗仗。

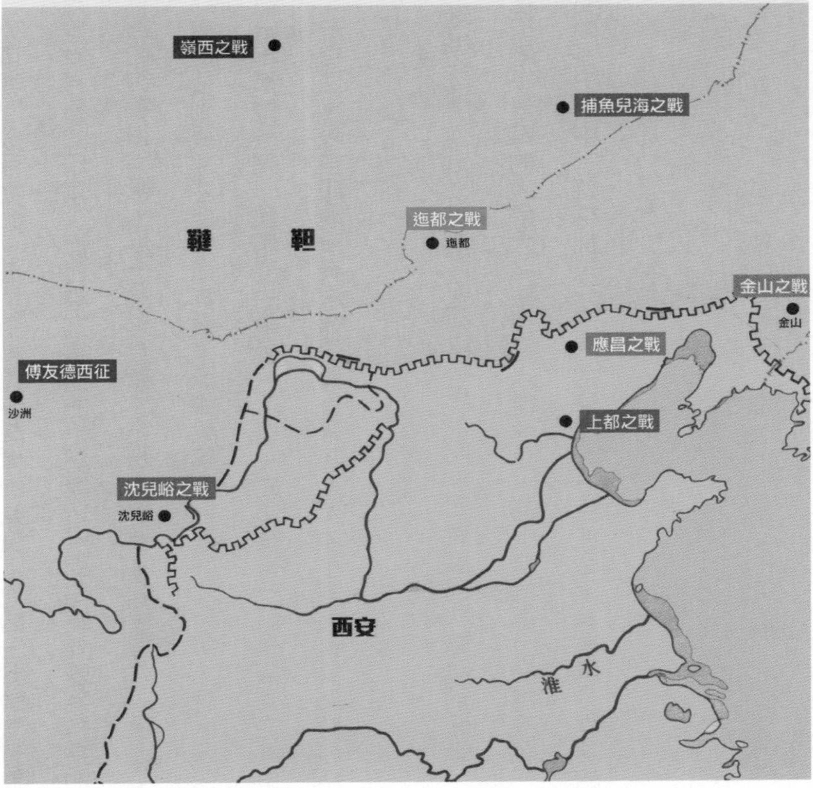

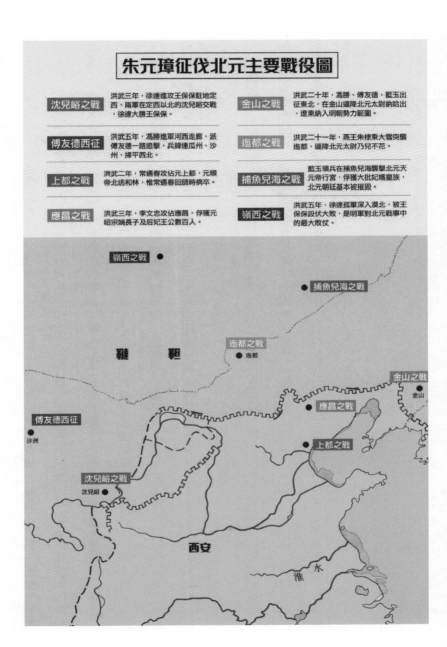

人，我何所恨！」，希望以自己一死可救回數百性命，真是今人難以想像的氣魄！他的主要論點有幾個：第一，官方文書要有效，必須蓋有完整的印章，而錢糧文書蓋的是騎縫印，即印章要蓋到多頁的邊縫上，若文件被私自添頁或減頁都能夠看得出來，根本是沒有辦法作弊。第二，錢糧進支，必須縣、府、省到戶部，層層往上核對，只有最後到戶部才能知道實數，而如果等賬目做好才用印，就必須返回省府重填，這樣往返幾回，只怕幾年都做不完一個年度的賬了，所以「先印後書」只是權宜之計；第三，朝廷前此沒有明確禁止空印的律法，殺空印者沒有法律依據；第四，人才難得，動輒誅殺，殊為可惜。

據説朱元璋看到這個論據都覺得合理，所以沒有立即加以駁斥。但朱元璋覺得欺騙他就是錯，所以還是怒不可遏，並沒有平反空印案，涉案的人絕大多數還是未能倖免。而上疏的鄭士利也被發配到江浦做苦役，不過在血淋淋的明朝歷史當中，這樣批朱元璋的逆鱗還保得住性命，算是萬分幸運的了。

7 郭桓案：朱元璋為「反貪」可以去到幾盡？

不過，空印案這種規模，原來還未算死得人多。另外一宗大案「郭桓案」，才算是朱元璋「反貪無雙」的代表作。此案牽連之廣、死人之多，又比空印高出幾個層次。

郭桓是誰呢？案發時，他剛被降為戶部左侍郎三個月。之前八個月，原是處理戶部尚書。案件起因是御史余敏、丁廷舉告發郭桓利用職權，與北平承宣布政使司李彧與提刑按察使司趙全德勾結，貪污舞弊，欺騙朝廷。

其後公佈的事情似乎非常合情合理、沒有啓人疑竇之處，因為那些指控相當具體。郭桓是怎樣犯法、怎樣勾結其他人去貪贓，鋪陳得好像很仔細。罪狀包括甚麼呢？第一，太平、鎮江等府的賦稅，他們全部私吞，一毛錢都沒有入到國庫。第二，私吞浙江西部的秋糧。本應該上繳的四百五十萬石，結果入倉的就只有六十萬石，另加折色（即是用來代替糧食的現款），就是二百萬石，那末就是私吞了一百九十萬石。第三，徵收賦稅時，巧立名目，徵收多種水腳錢、車腳錢、口食錢、庫子錢、神佛錢等好幾百種，中飽私囊。他們甚至偷取倉庫的大批糧食、截取了人民上繳的税款私分，甚至連國庫的錢也膽敢偷竊，並私下分贓。更誇張的是他們勾結了戶部的寶鈔司，私下多印了六百萬張鈔票自己落袋！每張的價值大概一貫，這裏就是六百萬貫了！加上私吞的秋糧，即是朝廷單就此案要追贓的款項，就達到七百幾萬石，或者七百幾萬貫——天文數字無誤。

朱元璋再仔細一想，如果六部有人貪污，那麼錢一定是從地方那裏來。因為由布政司呈交，於是首先當然是逮捕了布政司再說。而布政司的錢，一定是由州縣來，於是又逮捕一大批州縣官再說。一層層逮捕下去……州縣官那些錢，不就是由平民那裏來嗎？即是說州縣官又勾結了一部分平民。這樣滑波推論式地推論下去，豈不人人有份，永不落空？的確可以這麼說。

郭桓案引發連串瘋狂逮捕，最後處死了幾萬人，全國的中產階級幾乎全部被抄家，幾乎全部破產，人心惶惶到遠在窮山絕塞的官民都日夕驚恐怕會殺到埋身，天怒人怨，幾乎演變成全國暴動。朱元璋也不知是要找個下台階還是怎樣，在一輪見官殺官、遇民殺民的「反貪無雙」之後，本來還以一副「成功爭取」的口吻稱折算贓糧實有兩千多萬石，但「恐民不信，但略寫七百萬耳」——我唔講咁大，驚嚇親你地咋。當時全年國家的糧食總產量還不過二千五百萬石。喂喂，篤數也不要這麼過份好不好？做皇帝的好處之一，就是擺正牌亂殺人不用負責。後世我們這些蟻民，看到這麼多人命無辜牲，除了講句「OK, you win」之外，能奈他甚麼何呢？

郭桓案的啟示就是，即使「證據確鑿」，也可以是冤獄。有了所謂「證據」，還要知道它們是怎樣來的，另外，還要對照「證據」放在現實場景中是否合理。此案中的證據，若放到現實場景中看，就會顯得非常不合理。案發時候是洪武十八年。正如前述，郭桓在此之前和涉事的戶部風馬牛不相及，他在洪武二年（1369年）在山東做司法官，直到洪武十六年（1383年）仍在山東做布政司僉事，即是布政司的助理，即是十幾年來一直都是個地方官，而且也不是甚麼權傾一方的高位。他調任南京，進入了戶部，前後做了十一個月，前八個月還只是署任。一個外省官，一直任職司法部門的，突然調任中央另一個完全不相干的部門，還要是臨時代行職務，比今時今日的大機構合約制員工更像茄哩啡，怎麼可以勾結幾萬人去貪污呢？

而且戶部的工作牽涉到很多專門知識和技術。幾乎就等於今日財政司、稅務局、審計署的工作，包括了支薪、稅務、發鈔，還有煩死人的管理戶籍，牽涉到的工種是好幾百個。一個剛從外地調任的小薯仔，要在短短十一個月，要熟習所有複雜的財務程序，要認識、混熟，再勾結這幾百個工種的人，要組織出一個這麼龐大的貪污集團，然後貪到直逼國庫的天文數字，只怕天下第一大貪官和珅也要拜他為師吧？大概只有今日大陸的貪官才可與郭桓比一比。再者，在朱元璋近乎歇斯底里的嚴密的監察之下，有特務、有御史、有給事中，每件事層層管理得密不透風，你說要避過這所有耳目，貪到如此一筆巨款，可能嗎？

這宗水份極高的「貪污」，最後實實在在因此而死的人卻很多。幾乎所有重要的官員，包括禮部、兵部兩個尚書，以及六部的侍郎全部殺了，甚至令六部其中一部只剩下三個人！

事情去到後期，幾乎就演變成無差別的濫殺和抄家，前面也提到鬧至天怒人怨，幾乎引發暴動。朱元璋知道再胡搞下去不行，也想找個理由煞停失控的事情發展。除了求其馬虎、是但老作一個貪污數字收科，最後想到了一個神級、絕對不智障的方法：那就是把主審此案的右審刑司吳庸也殺了！不過，這吳庸死得也不冤。或者他正正是整件事最不冤枉的人。因為這個人是個酷吏，之所以最後牽連到這麼多人，正是因為他不停用嚴刑逼供，受刑者抵受不住，只好胡亂供出一些人名。而這些人被捕和用刑之後，又供出另一些人，互相攀咬之下，終於把冤案推到這個史無前例的規模。

並不是說郭桓沒有貪污，他可能貪了一些小數目，但絕不是有一個貪污集團的存在。其實事情的肇因是甚麼一回事呢？回應方才空印案提到的，這不過又是一個不對數的問題。凡是徵收糧食和稅款，總會有損耗和壞帳，加上衙門又有支出，賬面上的數字和實際倉庫的數字自然是永遠對不上。這的確造就了一個貪污虧空的漏洞，於是大家有個默契，或曰潛規矩，會默許一些漏規存在，也可作為從中「補貼」衙門的支出，甚至官員自己也沾些油水。這其實跟雍正時候發生的虧空案是一樣的。問題是那些數一對不上，就嚴刑逼供，也就會引發病毒擴散式的株連：有人供出曾經貪污，就變了全部人貪污；全部貪污為甚麼其他人不舉報，於是就變了一個集團；既然是一個集團，不就是要連根拔起了？

只能說，朱元璋打貪真是可以去到好盡。不過，治亂世用重典從來只會令悍匪更悍，貪官更貪。開國初期這一輪血流成江河的打貪，沒有絲毫為明代對貪污加強了甚麼免疫力，明代中葉之後，更幾乎是舉國皆貪。

第五章

朱元璋的理想世界

第五章

朱元璋的理想世界

所謂性格決定命運，朱元璋的性格卻決定中國往後五百多年的走向。他封關鎖國，實施海禁，日後雖有鄭和下西洋，締造了航海史上的偉績，但只是驚鴻一瞥，無以為繼。明清兩朝的主調仍是於對外交流持消極態度，這成為日後西方文明影響力超越東方的遠因。朱元璋又嚴己嚴人，官員動輒得咎，又實行嚴厲的戶籍管制，普通百姓未得許可、離開出生地只是百里之外，都以逃犯論處，更制定各種規章去規管全國人民衣食住行的生活細節。洪武之治確使久經戰亂的社會經濟得以迅速恢復，只是高壓統治之下，人民只是國家的囚徒。聖賢、豪傑、大盜所竭力塑造的理想世界，始終無法真正實現。

1 殺殺殺，理得你是功臣還是親人

在提及後面非常重口味的內容之前，先講講另外兩宗規模較小的案件，以緩和一下大家緬緊的情緒。第一宗是朱亮祖案。

朱亮祖就是當時人人要給面子的永嘉侯，他原本是元朝的軍官，是朱元璋的對頭人。但他打仗是非常勇武，其中有一事令他揚名天下的，就是他曾經打傷過「好打得」的常遇春。後來朱亮祖投降了朱元璋，也立過很多軍功，打下了福建和廣東，亦因此獲封侯，一直居於廣東享福。那時候番禺是廣東最富裕地方，亦是廣東省省會。當時番禺的縣令叫道同，這個人雖 是蒙古人，卻是個漢化了的蒙古人。這人鐵骨錚錚，很有原則，但某程度上也很固執的。廣東那時惡霸橫行，常常騷擾鄉民、欺壓百姓。道同也不怕得罪這些土豪劣紳，居然直接拉人封艇，一直飽受欺凌的百姓當然拍手稱快，所以道同在地方上也很有民望。然而，做得惡霸當然是有人撐腰。他們當中有一對羅氏兄弟，他們的妹妹嫁了給朱亮祖為妾，自是狗仗人勢。道同抓了這些人本來天經地義，但朱亮祖竟然命人劫獄，將被抓的人搶走。道同和朱亮祖這個怨，是結定了。

之後朱亮祖和道同就互相上表參劾對方，道同參劾朱亮祖，說他駐軍橫行不法，破壞地方秩序，包庇豪強；朱亮祖得知道同去參劾他，立即又上表去參劾道同還擊。但是朱亮祖有個優勢，因為他是將軍，有快馬，道同的奏章就要走驛站。所以朱亮祖的奏章比道同的快一步去到朱元璋手上。朱元璋一看，說這個道同胡亂逮捕，魚肉人民，於是立即下旨把道同賜死。這道聖旨發出去了，道同的奏章才到，這時朱元璋懷疑當中尚有隱情，派人去追回那一道賜死的聖旨。奈何太遲了，聖旨追不回，道同經已遇害。朱元璋忍著這一口氣幾個月，某天才派錦衣衛突然逮捕朱亮祖，帶到御前。朱元璋一見朱亮祖，就問朱的兒子在哪裏，隨即也逮到御前。朱元璋忍這一口氣真是非同小可，竟不是命人用刑，而是親自用鋼鞭來抽打朱氏父子！自己打到累了，就叫侍衛再打，當場把朱氏父子打死了。據說這是朱元璋親自動手打死的第一宗，朱的兒子還被剝皮揎草。他念及朱亮祖畢竟是開國功臣，給他留了全屍，算是很「仁慈」的了。不過較之後來對付官吏的廷杖和種種酷刑，其實還不算甚麼。

朱元璋的鐵腕從不留情，但他的皇后馬氏卻以仁慈賢慧見稱，往往在朱元璋殺人癮大作時加以規勸，不少朝臣就是靠馬皇后一句「隨事微諫」而逃過大難。可惜，即使朱元璋深愛敬重馬皇后，馬皇后的苦口婆心還是救不了自己的女婿。馬皇后育有兩位公主，其中安慶公主甚受寵愛，正所謂「皇帝女唔憂嫁」，更何況是得寵的皇帝女，當然是女神中的女神，多少青年子弟爭崩頭都想得到駙馬的寶座。最後進士出身歐陽倫勝出，婚後和公主恩愛非常，可謂羨煞旁人。

年紀輕輕便事業愛情兩得意，做了眾人窮畢生之力也未必求得到的人生贏家，還有甚麼不滿足嗎？理應沒有，但不知為何，這位人生贏家駙馬偏偏有種做生意的癮，不愁吃穿還要做私幫生意，也不知賺多了這些錢有甚麼用。不過上流社會的人的腦袋構造，大概是我們這些蟻民很難明白的了。話說回來，這盤生意到底是甚麼呢？向來西藏、青海一帶，由於海拔很高，都很難種到蔬菜，而且人口主要以肉食和穀麥為主糧，經常有吸收維他命C不足的情況。如要補充，其中一個方法就是喝茶。相反，中原馬匹少，兩者互相貿易，正好各取所需。但以茶易馬這門必賺的生意，當時由政府專營，常用路線也固定下來，就是由陝西出發，途經甘肅、青海，到西藏一帶與藏人換馬。

私自做政府專營的生意，拜託就低調一點好嗎？偏偏歐陽倫的一個下人沉不住氣，去跟當地一個很低級的巡檢司、即是類似今日的海關檢查員之類，發生了衝突。歐陽倫的那個下人把巡檢痛打一頓，巡檢不服氣之下就去告狀，把歐陽倫私賣茶葉一事揭發出來。案子去到朱元璋那裏，朱元璋連自己的女婿也無情講，把歐陽倫處死了。人生贏家竟因為一個下人一鋪輸清，連小命都輸了。

從上面幾宗案件可以看到，朱元璋對於貪污案處分是多麼嚴厲，甚至可以說嚴厲到不合常理。如果從心理上分析，即使朱元璋已登大位，但他心底始終是一個農民，對官吏有種難以解釋的忿恨。他可能認為當日如果不是貪官侵吞了元朝政府賑濟派發下來的糧食，他父親、母親、哥哥就不會死。所以見到任何人貪污，他都不能夠原諒。最初他定的標準是貪污數目達六十兩銀就會處死，後來他發現太多人貪污了，若六十兩銀就處死，那差不多要殺盡天下人了。

但朱元璋怎樣也想不明白，為何貪污的刑罰一再加重到恐怖的地步，情況不但沒有改善，反而每況愈下？曾有一幫人賄賂官吏，使到他們可以逃過為朝廷服役。後來朱元璋知道了，就把涉案官吏的手指都斬了，命令他們找回這些付賂的人來服役。他們之前收了錢，不好意思找同一幫人，竟然找了另一班人來頂替，又被朱元璋知道了，涉事者結果斬首收場。然後朱元璋又想到更絕的反貪刑罰：每貪污六十兩銀就會被剝皮，即是把一個人的皮膚完整地剝下來，做成袋狀，在裡面填充稻草後懸掛示眾，這就是所謂「剝皮揎草」或「剝皮實草」。屍體就是這樣掛在衙門前，等下一任官員「引以為鑑」。後來朱元璋覺得這樣還是不夠，於是又下令：凡是貪污者，無論涉款多少都是死刑。本來根據《大明律》，只有五種刑法（雖然已經夠恐怖），但他後來還加了無數酷刑。後來索性把這些酷刑和案例結集成書，名為《大誥》。這些案例像大台劇集一般，不斷有續集，有《大誥一篇》、《大誥續篇》，《大誥三篇》，還有外傳《大誥武臣》特別用以警戒武臣。裏面所寫的刑罰全部都是超越了《大明律》。

2 滿清十大酷刑算得甚麼？明代才夠變態

朱元璋寫《大誥》和它的續篇，寫了很多年，而且很用心去寫，也寫得很淺白，總共寫了二百多條，案例有萬多宗，都是他親手處理過的案例。其中講得最多是處置官吏的案件，佔超過七成，然後有兩成左右是講如何處理地方上那些土豪劣紳，講人民的相對很少。這多少反映出他的治國態度：對人民較為寬鬆，但對處罰官吏和豪強卻絕不手軟。同是平民出的皇帝，劉邦是約法三章，朱元璋卻是個刑罰發明專家。原本大明律就只有五刑：笞（鞭打）、杖（棍打）、徒（坐牢）、流（流放、充軍）和死五種，後來就加上那些刺字（紋身）、割鼻子、閹割，嚴重的有凌遲。凌遲在清末的時候已經簡化為只割八刀，但朱元璋那時候，是規定要割三千三百五十七刀！怎樣割三千三百五十七刀呢？每刀割很少，如指甲般大少，這樣割一刀或許不怎麼痛，但割上千刀，當然會很痛和流很多血。受刑的人不能死得太快，否則那個負責凌遲的刀手也會被殺頭，因為要防刀手收了錢，令受刑的人死得痛快一點。那麼凌遲要行刑多久？後來有個弄權的太監劉瑾，倒台後被判凌遲，就刀割了三日三夜。朱元璋還發明了其他刑罰，例如刷洗——把犯人脱光衣服，放在鐵床上面，淋上一些滾水，把淋熟了肉用鐵刷把它刷走；梟令——用個鐵鉤把脊骨勾住，橫掛在一支杆上面；稱杆——把犯人綁在杆上面，另一邊綁上對稱重量的石頭；抽腸——具體做法是把一條橫木杆的中間綁一根繩子，高掛在木架上，木杆的一端有鐵勾，另一端縋着石塊，像是一個巨大的秤。將一端的鐵勾放下來，塞入犯人的肛門，把大腸頭拉出來，掛在鐵勾上，然後將另一端的石塊向下拉，這樣，鐵勾的一端升起，犯人的腸子就被抽出來；還有剝皮、斬膝蓋等等，這些全部是法外之刑。

3 超限額的殺戮，超現實的生存

是何等大罪才需要用上這麼殘酷和變態的刑罰？《大誥》裏的案件，真是小得令人頭皮發麻。無錯，是「小」得令人頭皮發麻。看看《大誥》三篇：收受衣服一件、靴兩雙。因為區區幾件衣物，就被判死刑。還有一宗：收受圓領衣服一件、書四本、襪一雙、網巾一個。當然又是死刑。那是一條底褲也足以令人喪命的年代。

更瘋狂的是，朱元璋後來就展開了一個我們姑且稱為「全民學大誥」的政治運動。《大誥》印了成千上萬本，人人得有一本，簡直就像文革時的「紅寶書」一樣重要，因為有保命作用。平民老百姓假使有天不幸被逮捕，在獄中能讀《大誥》的話，罪名便可以減輕一等。而且還有鋪天蓋地的「思想改造」，一有空就要大家讀，或由鄉里中的長老、德高望重者讀給大家聽。

這麼嚴厲地懲處貪污，結果就是：自從開國以來，兩浙、江西、兩廣、福建，所有官員，沒有一個人能做滿一任，全部都在任內中因為各種貪污有關的罪名被逮捕！有一年更誇張，某處最初有三百六十四人任官，到了第二年，就有六個官獲罪處死，另外三百五十八個都被判刑，不是流刑，就是徒刑。最好笑的是因為獲罪官員太多，剩下還未死的太少，根本不夠人手維持政府的正常運作，結果有不少官員要帶罪繼續做官，帶著枷鎖和腳鐐在衙門辦公。

可惜，貪污成風仍然是明朝官員的標誌，即使在朱元璋一朝也是如此。那是一個一直叫朱元璋想不明白的問題：為甚麼這些人不怕？他們可是讀聖賢書的啊！孔子不是教他們「君子固窮」的嗎？為甚麼這些人全部前仆後繼地去貪污？一個基本原因，就是低薪。薪金太低，面對貪污的誘惑自然也更難抵抗。香港政府向來實行高薪養廉，就是這個道理。而朱元璋偏偏反其道而行。首先，他非常痛恨官吏，有好幾次他是故意找理由去殺官吏和豪強。因為他覺得農民生活很慘，唯一的解決方法是鏟除剝削他們的人，亦即是大地主階級、大官員階級，然後又要把管治基層的官吏控制得像牛一樣溫馴勤懇。他認為士人讀聖賢書，應該克勤克儉地去做事，於是他給官員的薪金非常微薄，絕不可能像今天的局長一般到處外訪狂賺飛行里數。

中國自從有歷史以來，未曾試過官俸之薄，薄得像明朝這樣超現實。之前我已經跟各位計過數，一個七品縣官，月薪只有現在港幣的六千元，連綜緩戶都不如。當官的也是人，要吃要穿，養活家人，還要聘幾個師爺替他處理文件，再僱些人辦公和做跑腿工作，還未計算禮節上不可缺的一些饋贈，靠這一點俸祿根本沒有辦法生存。因為朱元璋常常要把財務預算做到平衡，於是他只能出這樣少的糧，少到連一個衙門都不能運作。又要馬兒好，又要馬兒不吃草，結果難免馬兒自己去找財路。但當時貪污一兩已經判死刑，反正是拼死無大害，就乾脆貪多一點，死也死得較為值得。真的除非那個人是聖人，否則這樣的日子怎麼熬？但明朝是個奇怪的朝代，不時總會出現一些極有風骨的人，去挑戰當時種種的人類極限。有人真的意圖用這份少過綜緩的薪金過日子，那就是海瑞。全世界都說他是癡狂，完全不貪污，就靠政府那份薪金度日。話說海瑞做縣官時候，胡宗憲任總督，聽說某天海瑞母親生日，他竟然買了三斤豬肉，已足以使他嘖嘖稱奇。給母親做生日，不過買了三斤豬肉就使聞者大驚小怪，可見平日他的日子樸素到甚麼程度。海瑞出任縣官的第一件事，就是在衙門後面闢地種菜，自己的菜自己種。到他死時，其實已是身為左僉都御史，是二品大員，但連入殯的衣服都沒有，只用幾件破衣服湊合。如果你沒有海瑞這份超乎常人的意志，明朝的俸祿基本上不足以度日，為了解決生活所需，惟有去貪；一次污兩次穢，況且明朝的刑罰動輒不是斬頭，就是酷刑，倒不如貪多一點、再貪多一點、貪到盡好了。治亂世用重典，在打貪上似乎不太可行，反而越打越貪。可惜朱元璋始終不大明白這道理，所以明朝歷史寫到開國，已是血跡斑斑。不過後面的歷史，可能更加血淋淋。

4 古今帝皇的偶像

之前講了許多官制、大案和朱元璋實施過的各種措施，目的並非是單單要把個別的制度和事件敘述出來，重點並非是制度或事件本身，而是從這些敘述中，明白到朱元璋的統治思想究竟是甚麼，以及他付諸實踐，又是怎樣一回事。朱元璋是康熙和雍正都很佩服的人，本書開首提到朱元璋獲譽為「治隆唐宋」，這正正是康熙拜謁朱元璋的陵寢時在碑額題寫的。還有一個人很佩服他，若從任內殺人之多去推想，應該就不難猜到了——這個就是毛澤東。毛澤東覺得古今帝皇之中，軍事才能第一，當數唐太宗李世民，第二就是朱元璋。至於政治方面，毛澤東最崇拜兩個皇帝，第一是秦始皇，因為秦始皇開創了中國二千年來的統治模式，一種他認為是大刀闊斧下開創的新模式；第二個就是朱元璋。引用趙翼評價朱元璋的說法，很難有一個人，集聖賢、豪傑、盜賊於一身，而偏偏朱元璋就是這麼的一個人。

首先從「聖賢」這一面講起。你沒有看錯，朱元璋絕對是以聖賢自詡。大家聽我講完空印案和郭桓案，或者會問，一個為了一塊圖章、幾件衣服而殺了幾萬人的獨裁者，還想出這麼多變態的酷刑，居然想做聖賢，不是天下間最大諷刺嗎？要了解這是怎麼一回事，先要知道中國儒家思想的聖賢到底是甚麼人。聖賢除了一般理解的人格楷模之外，很多人都忽略的一點，是聖賢會創立一套制度出來，使往後千世萬世的人都能跟隨。代表人物當然是孔子發夢都想一見的周公。所謂「周公制禮」，就是一套王道的思想，是可以令天下久享太平、人民可以安居樂業的完善制度。而既然是要普天之下千秋萬代都跟隨的，提高人民教育水平和修養道德自是最為重要，這個就是所謂的內聖外王之道。朱元璋就是朝這個方向走的（至少他自己是這麼想），而且他覺得自己是做得很好。朱元璋出身農民，於是他總是認為自己完全明白農民的生活，甚至常把「朕本農人」掛在口邊。所以他覺得天下沒有事情比農民的福祉更為重要：要讓農民能夠安居樂業、衣食無虞。怎樣能夠達到這個目的呢？想當然的辦法就是令富人沒那麼富，窮人沒那麼窮，也就是把人民之間的貧富差異直接掃平。「原始的共產主義思想」大概應該就是這樣的了。這種確是非常原始的經濟理念真是「自古以來都是中國的一部分」，譬如

《禮運大同篇》就是這樣說：「大道之行也，天下為公，選賢與能，講信修睦。」中國地方雖大，但真的有生產力的土地其實不算多，人口卻偏偏這麼多——即是說如果有些人很富有，坐擁很多田地，也就直接等於有很多人沒有田沒有錢，貧富可以極為懸殊。

朱元璋要效法聖賢，第一時間就是搞「強制均田／強制均富」。你可以說這一套思想很先進（當然很多時也很災難性），不過中國的讀書人向來很相信它，譬如王田制、井田制那些其實都是類似的東西，而王莽簡直是這套玩法的頭號粉絲。至於朱元璋，當然也是忠實信徒之一：元末天下大亂，地主棄田逃難，洪武元年（1368年）就規定，農民可以佔用地主棄田。但如今天下太平了，地主回來怎麼辦呢？規定說了：地主不准取回自己的田，總之誰正在耕這塊田，這塊田就屬於誰，類似我們今天「逆權侵佔」的概念，但當然對土地原主苛刻得多。你也可以說這是「耕者有其田」，不過你別想指望明朝的農民可以像在八十年代抽到居屋的業主一樣，藉一間居屋作踏腳石一路致富。因為社會秩序剛剛恢復，政府規定人民不可坐擁太多田地，如果你的田地多了，別人就可以佔去你的田來耕。似曾相識嗎？對，那不就是等於毛澤東的土改嗎？誰人能夠霸佔那些田，誰人有能力去耕田，田就屬於那個人，以前屬於誰人都不管——香港的業主要是面對同樣的法律應該會馬上崩潰吧。第二項政策相信大家也不陌生：時興逼遷「低端人口」，朱元璋則要逼遷「高端人口」，逼富人大規模遷徙別處。有一部分人遷了去應天，應天就變了後來的金陵，變成了有過百萬人口的大城市。另外又遷徙了十四萬人去鳳陽，建立中都。富人連根拔起去了別處，原來在地方上的人脈和根基又得重新累積，於是也產生了一種平均的作用。

5 血淋淋的「平等」

怎樣能夠造成一個較為平均的社會呢？朱元璋的答案就是：製造冤獄。譬如說上文談及的空印案、郭桓案，朱元璋一路追贓追到平民家裏，嚴刑逼問涉事官員他們的錢收在那裏。許多人抵受不住折磨就隨便亂指，說收了的賄款收藏在某某富家，於是朱元璋也就有了口實把那些富人的財富和田地充公。大家在上文讀過空印案和郭桓的案情，當猜到這一遭橫掃全國的抄家又是非同小可。全國家境中上的人大抵全部被抄家、全部破產。單是在吳縣一個地方，就有一千戶被抄家。我們來做個簡單的算術：單是一個小小的縣就有一千戶被抄家，而全國有千幾個縣，就等於抄了過百萬戶的家。當時全國約有一千萬戶，抄家抄了一百萬，就是全國大概十分之一的人都被抄家了——你能想像全港有十分之一的業主都被銀行收樓嗎？於是某些人知道懷璧其罪，再攬著財產不放只怕要大難臨頭，於是故意把家財盡散，以避免遭禍。

抄了家還未夠，等著他們的還有剛才提到的人口大逼遷。正面點看，上山下鄉萬里長征，要推動這種大規模的逼遷，少點魄力也不行，非要是秦始皇、毛澤東這個級數的暴君才做得到。雖然把民眾從人口稠密、田地不足的地方遷徙去經歷戰亂而人口流散的地方並非甚麼新鮮事，魏晉南北朝和南宋末年都有這樣規模的大遷徙，但具體史料不多，我們很難知道詳細情況。不過洪武年間那一遭，後世倒流傳了很多聽來好笑，但極恐怖的細節。

首先，是怎樣決定哪裏的人要遷徙呢？就是抽籤憑彩數。他直覺認為哪裏的人口太密，哪裏人口太少，抽籤要哪一戶搬家，那些百姓就得夤夜搬家。而遷徙的過程也相當的不人道。官兵會把全部人要遷出的人集中在一起，然後就一隊隊，押送到要去的地方，然後要這些人在完全陌生的地方重新墾荒耕種。這個「隨機大遷徙」的遊戲，在朱元璋在位的三十年間大規模進行，遷移的人數估計是一千三百四十萬人，即是全國人民的六分之一到五分之一！想想每五個人或者六個人就有一個被逼從此遠離家鄉，搬去不知道甚麼地方——清初的遷界令說來也真的殘忍，但殘忍的程度、影響之廣泛，跟朱元璋的大遷徙根本不能匹敵吧。

當然你可以說，這政策是成效顯著，全國人口馬上平均了很多——如果你不看人民付出了甚麼代價的話。今日很多傳說都是起源自洪武年間大遷徙，譬如許多祖籍山西的人會說自己來自「大槐樹」，但其實那根本不是甚麼鄉鎮，而是遷徙期押解人民和清點人數的中轉站。又例如廣東人很多自稱來自「珠璣巷」，其實珠璣巷也是類似的地方。如果你現在像穿越劇主角那樣，不巧(也非常不幸地)在街上仆倒，穿越時空，回到洪武年間，你會看到好似出埃及記一串串人群，被押解去不同的地方落籍。

另外有一些習俗或民族特點也是那個時候而來的。譬如山西人的腳趾甲每多是複甲，指小腳趾甲分瓣而非完整一塊，原來是因為當年官兵押解他們時，在每人的小腳趾趾甲蓋上砍一刀，來做記號，避免人逃跑，所以山西人很多都是複甲。又例如我們去廁所，今日又稱為「解手」，因為民眾被押解去目的地時候，會用繩子拴住，雙手則紮在背後。所以若某人要上廁所就得解開雙手，否則就要在眾目睽睽之下方便，那可不妙。而許多人習慣雙手被紮在背後，所以即使重獲自由，也不自覺要背著雙手走來走去。

好不容易熬到了目的地，還有更多苦頭等著。既是毛澤東的偶像，又怎少得計劃經濟？法律規定大家耕田才有飯吃，耕田才有衣穿。於是全國每擁有五畝至十畝田地的人，就要用半畝來種桑、麻和木棉，用以織布製衣。這個確實很公平，因為真是實行全國劃一，才不理你那裏天氣適合與否。不過肯定有些地方天氣不適合，不是只種到條毛，就是產量不夠納稅，結果有人就得買農產品回來完稅。到這原始社會主義的玩法搞得大家一窮二白了，就設立一些養濟院，讓無以為生的人，即是類似流浪漢或綜援戶那類人士，每個月可前去領取三斗米（即是三十斤）、柴薪二十斤，夏天冬天就各自給你一匹布，好讓貧士有衣可穿。不過這當然是紙上談兵，因為養濟院本身也很快也瀕臨破產，比自己要養濟的對象也好不到哪裏去。朱元璋這套「農民平均主義」，說是希望全國人民都可以生存，但結果還是像大躍進式的胡搞比較多，結果還是民不聊生。

6 十萬個不可以

佔全國最多的農民，在朱元璋的強制均富措施下，雷厲風行了一段日子，日子總算過得去。或者在原先比自己過得好的人都變成像自己一樣窮之後，感覺上就好過得多了。朱元璋的想法其實很接近儒家思想，就算後來他生出了一些不同的想法，也整體相距不大。我講完他整套治國的哲學和他怎樣實施之後，接下來會討論他的個人性格、他對管理皇室和處理繼承方面的問題在哪裏。要深入探討這個問題，先要回到朱元璋深信不移的儒家思想。傳統儒家思想認為，社會要能存在，必須秩序有別，人人各司其職，各如其分。每個人扮演好自己的角色，社會就可以運作，說白一點，就是人人都是社會的螺絲釘。其實社會主義、共產主義在這方面的理念也大同小異。

所以他把社會分成了很多階級，大部分自然是農民，農民上面有官、士人、工匠等等。而匠裏面又分開幾個等級，例如鐵匠、木匠、軍戶等，當然也有商人。每一種階級都只可以做所屬階級的事，而且是父死子繼，換言之是每人都要世世代代守住自己的階級。只有農民獲准「越級挑戰」，可以透過讀書向上流動，「升呢」做官。商人、工匠等其他一干人等是不可以做官的。

朱元璋覺得社會秩序要分得很清楚，社會才能運作，要清楚到連各種用具、衣飾、器皿使用上都要區分，總是就是不准越界挑戰、不准搞亂。這是儒家體系的核心思想，連司馬光也在《資治通鑒》這麼說了：「夫天子之職，莫大於禮，禮莫大於分，分莫大於名。」何為禮？紀綱是也，那就是社會秩序。何為分？即是身份；而最重要的身份—君臣是也。「禮莫大於分，分莫大於名」，那「名」是甚麼呢？就是下面再細分，公、侯、卿、大夫是也。朱元璋對分清這些名相的要求，真是到了固執的地步，歷代只怕也真是只此一家。且看當時的官服，一品、二品、三品，文官官服上繡的全部是鳥兒，武官的全是野獸；例如文官一品就必然是仙鶴。於是自洪武元年起規定，平民的衣服有一系列的花式不准繡，否則就會和官服的紋樣混淆。於是飛魚不准繡，大鵬不准繡，獅子不准繡，荷花不准繡，吉祥雲也不准繡，總之有十九幾萬個不准繡。連布料用色也有很多規定，例如薑黃色、明黃色民間都不准用，因為明黃色是天子用的，薑黃色是皇子親王用的。不過朱元璋最重視的農民子弟，在衣服質料上倒有些選擇的自由，他們可以選擇穿綢、紗、絹、布，但商人就只可以穿布，不可以穿絲綢。如果農民的家裏有一個人是做生意的，也不准穿綢紗。重農抑商到這個程度，今時今日貴商賤農的祖國同胞應該很難想像。

再舉一例說明朱元璋的 Micromanagement（微觀管理）有多誇張。話說有種帽子叫方巾，是讀書人戴的；而讀書人之中的生員，在考取國子監資格後，則會獲賜遮陽帽。但這些讀書人的帽子，在冬天時候還是不能把可以遮蓋耳朵的部分放下來保暖，話之你的耳朵凍到結冰。而農夫容許戴斗篷，但別的人又不可；普通人不可以穿靴，只有在北方很冷的地方才可以，但上面又不可以有花。又例如每個階級的人住多大的房子，用甚麼顏色，也有嚴格規定，今日香港地產商那些創意奇則和誇張至極、名不副實的樓盤名，要是出現在洪武年間，恐怕一眾地產商和銷售人員全要被殺頭。官員府邸的規模按官職高低有嚴格區別，一品二品官員家的廳堂，規定有五間九架（架即是橫樑，古人是用橫樑的數目來辨別房間的大小）。普通的寓所最多只是准許是「三進一間」房子，不然就叫逾制。府邸的規格要是逾越了制度，那是會被直接當成謀反論處的，結局當然又是抄斬。活在制度森嚴的朱元璋時代，每一件事都是嚴格規定，生活上每個範疇都有十萬個不可以。如果稍一不慎記不住、犯了規會怎樣？最低消費是大刑侍候，人頭落地已算是優惠套餐吧！

7 老大哥朱元璋在看著你

有了這麼等級森嚴的階級制度，問題是怎樣監察，才可以確保大家都真的在遵守皇帝訂立的規距？於是朱元璋建立了一套古往今來（不計中共）差不多最嚴格的保甲制度，是為「里甲制」。里甲的編制方法，是每一百一十戶編為一里，由丁糧最多的十戶擔任里長，其餘一百戶為十甲，每甲有一個甲首。各里中無力承擔差役的鰥寡孤獨人戶，則帶管於一百一十戶戶之外，稱為「畸零戶」。每年由一名里長率領十名甲首當差役，並負責「管攝一里之事」。另外，城 的里稱為「坊」，近郊的里稱為「廂」，坊長和廂長的職權與里長相同。如此一來，每個人都有一個戶籍，所有人民全部登記在冊，然後受到嚴密監視。里長、甲首、坊長或廂長的角色其實跟今天大陸居委會的大媽差不多。正面一點看，這制度也像居委會那樣，透過這個制度實現「四個自我」——「自我管理、自我教育、自我服務、自我監督」。

不過上述最重要的，當然還是最後一個「自我監督」：所以大家應該彼此都知道對方的一舉一動。如果你是做農夫的，麻煩日出而作，日入而息，沒事不要亂跑。做工匠的，大家天天都應該看見他幹活，如果他突然失蹤，或者家裏突然有些陌生人出現，大家記緊要報官備案！做生意的，大家也應粗略知道他是做甚麼買賣的、要去哪裏做買賣、離鄉多遠。如果他一般做買賣是需要出門一個月，這一遭他忽然不見了幾個月，你就要去問他。如果他沒有一個合理的答覆，你也應該要去報官！

說穿了，就是沒甚麼死人塌樓的大事不准離鄉，如有要事非要離鄉超過一百里，就要出示一張名叫「路引」的文件，文件上要有里甲的官印，說明會去哪裏，會經過甚麼地方。而且不論你到哪裏，沿路的人都可查看你的路引。這套制度幾乎全面控制全國人民的流動，要監控到這種程度的話，則要一套嚴密的人口登記制度，那套登記制度就是「黃冊」。為了使這套制度滴水不漏，他出盡了全國的軍隊去做人口登記。因為那時候總算天下太平，軍隊不用打仗，也就被驅遣去做全國人口普查。

登記人口的黃冊上面記錄了些甚麼資料呢？我們且拿一個例子來看看：

林榮一，嘉興府嘉興縣零宿鄉二十三都宿字圩民戶，計家五口，有五個人，男丁二口，成丁一口，林榮一，年三十九歲。不成丁一口，男阿壽，年五歲。婦女三口，妻章一娘，年四十歲；女阿換，年十二歲；次女阿周，年八歲。產業：屋一間一披，田自己民田，地六畝三分五毫。

聽來好像還好，未至於鉅細無遺到你幾點吃飯、幾點出門都知道。不過，自洪武三年（1370年）起，已有所謂「戶帖」的戶口登記制度。到了洪武十四年（1381年）編製黃冊，更是全國每十年做一次的人口登記，而且是出動軍隊去做。若有人不配合國家政策不肯合作，結果當然又是殺頭。

人口登記了，就輪到土地，那就是洪武二十年（1387年）的「魚鱗冊」。這是出動全國國子監去營造的資料庫，他們會到地方上，替當地人民逐片田地去量度。當然我們很難知道他們是認真量度還是胡來，但按照正常推斷，這些人應該具備一定的測量知識。不過要長期去做，一定是越做越馬虎，所以史家推斷，魚鱗圖冊基本上只有洪武年間才準確，後來就一直不準確，到了張居正之後，就乾脆胡亂作數。且別說他們那時候的科技水平不高，我們現在做人口普查都這麼困難，不準確也是可以理解的。話說回來，魚鱗冊所以得名，是因為它畫出來的一塊塊田好像魚鱗一樣。那具體內容是甚麼呢？下面是一塊地在冊上的登記內容：

土名：李樹園，地一分四厘。地屬二十都四圖三甲，程九龍。東至方良珊田，西至張丹民田，南至方良珊田聯，北至方良珊田。

地名、土地有多大、田地屬誰，以及鄰近與甚麼人的田地接界，都包括在內。大家可以想像，大江南北這麼多塊田地，全要將上述的資料紀錄清楚，今時今日要用 Excel做一個這樣的報表都很花時間，何況是在十四世紀的中國，簡直工程浩大。朱元璋在玄武湖的湖心島做了幾個檔案庫來收藏重要文件，黃冊即其一，由他親自看管，郊祀時且上薦於天，可見他對這些紀錄是何等重視！

搞定了人口、土地，現在還有一件最要緊的，就是儒家思想最看重的教化。如何令人民的道德水平提升，是朱元璋耗盡心力也要做到的大事。具體怎去進行思想改造，確保人民服從朝廷紀律，緊隨偉大領導人朱元璋的指導思想呢？於是每一個鄉下建有兩座亭子，一個叫申明亭，一個叫旌善亭，凡是有人做了好事，例如一生貞節守寡的婦女，旌善亭內就會掛一個牌表揚，作用就像貞節牌坊。因孝順或德行而獲皇帝頒旨嘉獎的，就會在申明亭宣揚其事跡。每逢初一十五，皇帝頒下最新的聖諭，傳到鄉下，就叫全鄉的人來聽一次皇帝有甚麼最新的指示；就跟文化大革命時期不時會有村幹部召集鄉民，去恭聽他們宣講毛主席的最新指示差不多。大家在申明亭聽完聖諭回去跟著做還不夠，朱元璋要的是更徹底的洗腦。每一個里甲，會找一個聲音洪亮的阿伯，提著一個鈴到處走來走去，反覆地叫口號：

孝順父母，尊敬長上，和睦鄉里，教育兒孫，各安生理，毋作非為。

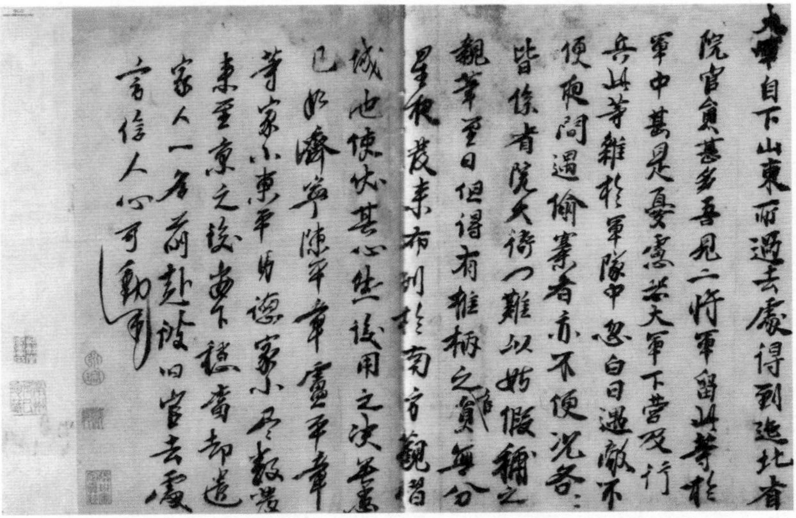

朱元璋手諭《大軍帖》，現存北京故宮博物館。朱元璋傳世的手諭，頗多用白話寫成，官方紀錄時則將之潤飾成文言詞句。

這口號叫六諭，由這位維園阿伯每天巡街，日日不停地叫，不停幫你洗腦，直至你發開口夢都會唸為止。不止這樣，如果村中有人不事生產，父老可以勸他們做事，如果他再不做事，就可以把他捉到官府打板子，這種家長式管治連新加坡也望塵莫及。朱元璋好為人生導師，甚至是會寫這樣很接近白話文的東西來教人：「男子漢家，學便學似父親樣做一個人，休要歪歪搭搭的過了一世。你每(們)趁我在這裏，年年來叩頭。你每(們)還是挨年這歇來，你每小舍人(即是小朋友)，年紀少，莫要學那等潑皮的頑。你每這幾個也年紀小哩，讀書學好勾當。你每學爾的老子行。」

8 明天記得準時返工，否則……

人生其中一件可怕的事，就是遇上沒有嗜好、沒有人生、只有工作的嚴厲上司，他們自己是工作狂就算了，但他把這套標準加諸下屬，律己以嚴，律人更嚴，大家在公司的日子就生不如死了。有比這個更可怕的事嗎？有，就是這個人不是上司，而是皇帝。朱元璋律民之嚴，嚴到是酒也不許人飲——好吧，不是完全不准飲，是不准飲得多。「近聞爾等耽嗜於酒，一醉之費，不知其幾。以有限之資供無厭之費，歲月滋久，豈得不乏？」朱元璋注重節儉，而釀酒用去大量糧食，在他來説，就是浪費糧食，所以須佈了禁酒令。當時江南釀酒喜歡使用糯米，為此，朱元璋在1366年甚至明令禁止民間種植糯米。至正十八年（1358年），朱元璋還在打天下之時，手下有個大將叫胡大海，正在前線攻打浙東。這個人有勇有謀，非常打得，且本人軍紀嚴明，壞在有個不守法的兒子，朱元璋已有法令禁釀酒，而他竟敢首個去公開挑戰！朱元璋怒不可遏，把他抓來，真要把人家的兒子殺了。都事王愷勸説，胡大海正在前線為國家在拼命，你在後方為了這麼一件小事殺了人家的兒子，他會叛變啊。朱元璋也夠絕，説我情願胡大海叛變，「不可使我法不行」，竟然親手把胡大海的兒子殺了。天啊！他對這種「模範生式」生活還真是執著，竟到了超越保護自身權位的考量。

他對工餘嗜好、消閒娛樂甚至生活藝術一概深痛惡絕。下棋、踢球、吹簫、唱曲這些在工聯會興趣班必有的正常活動，在洪武年間又是可以招致殺身之禍的事兒。在京軍官軍人凡是工餘學唱戲的，割舌頭；下棋的，打斷雙手；蹴圓（即踢球）的，卸腳（即是斬腳）；做買賣的，充軍。有個千戶的兒子吹簫唱曲，朱元璋把他的上唇連鼻尖也削掉；龍江衛指揮那位踢球的，就斬了右腳，全家發配雲南。

用嚴刑嚇得大家連玩都不敢玩之後，朱元璋覺得還不夠，要大家把明主寶訓時刻放在心才夠。所以正如前文提及，他還搞了個「全民學《大誥》」的運動。《大誥》主要是用來記述律法怎麼對付那些豪強和貪官污吏，還有一小部分講如何對付不守法的人民，以收警惕大眾之效。當時全國印了幾千萬本，每個人家裏都有一本，而且人人都要背熟，如果你在街上被官兵捉到，發現你竟不會背誦，隨時大禍臨頭。各位讀者可能已經立即聯想到文化大革命，那的確是正常不過的。這本《大誥》是自從《聖經》之後印刷量最高的書，若以截至當時的數字計算，總流通量比《聖經》還要多。

朱元璋寫這種書真是用功到不得了。他後來又寫了《皇明祖訓》，前後花了六年，修改了七次；

而且內容非常詳細，幾乎是大小事情鉅細無遺。他不止是希望創造一套可以長存的制度，而且是要直接把社會一切不平等一舉抹平，使人人有飯吃，人人有衣穿。這一點跟毛澤東的做法也很相似，就是把中間階級消滅。官吏貪污的話，固然是必死無疑，想不死，就要像顏回那樣刻苦窮困地過活，「一簞食，一瓢飲，居陋巷」。有錢人和大地主當然被打壓到難以生存，且看看洪武三十年（1397年）的數據就知道了：當時全國有七頃土地以上的人口，剩下只有一萬四千二百四十一戶，即是0.01%，全國幾乎是沒有大地主，全部變了小農。

歷史上最著緊要大家明天準時返工的，絕對不是李超人，而是朱元璋。他把每個人民放在一個特定位置上，然後好像工蟻一樣工作，是如假包換的蟻民。但他那一朝的官吏活得可能比蟻民更慘，因為朱元璋老是認為這班是讀書人，讀聖賢之書，應效法聖賢，應該很儉樸才對啊！所以他那一朝的俸祿之薄，是天下少見，正如前文所言，是少到難以維生的水平。俸祿微薄不止，還要取消所有其他福利，因為他總覺得要好好控制這群官吏，他們一朝有權在手就會威脅到王權，便會剝削百姓。例如以前官位可以世襲，到明朝就取消了，這個聽來也很公平合理，對嗎？但如果他連官吏的假期都取消呢？按照古代的習慣，每工作五日，就會休息一日。但中國沒有禮拜日，後來就演變為工作十日，休息一日。不過古代節日多，大家也重視過節，所以後來每逢過節就全國休市休假，過年、皇帝誕辰、佛誕、中秋等，一年下來一般有幾十天過節的假期。但朱元璋是一個工作狂，他不喜歡放假，於是也覺得人人都不用放假，也不用借助甚麼力場的力量，直接就把這些節日假期全部取消了。一年最後只剩三日假，就是他自己的誕辰、做冬和過年，其他日子全部要上班。

他還有一項控制官吏的絕招，就是分權。因為如果權力集中在一個人身上，就會造成職權太大，又會威脅到皇權，所以明朝最令中史同學們印象深刻的制度改革，應非廢相莫屬。丞相之位沒有了，其權限則分給六部；大都督之位也取消，分為五軍都督府。總之他的方法就是把權力分散，然後互相制衡；皇帝一人則高高在上，由他指揮百官。

之前提過他怎樣打貪，剛才也談到「全民學《大誥》」，總的來說，就是跟文革性質一樣的玩法；這也不得不說這是朱元璋的「偉大發明」。開始的時候是貪六十両就剝皮實草，後來他覺得太「寬鬆」了，於是改為無論貪污多少都要殺無赦。而這個猶如文革雛型的全民反貪運動，最「偉大」的發明，是人民如發現官員貪污，可自行抓捕官員送上京師面聖；如果人民舉報官員貪污而被制止，朱元璋就會把涉事官員滿門抄斬⋯⋯這不就是紅衛兵麼？這真是個奇蹟！因為歷代除了後來的文革，從來只有民畏官，那有官如此畏民的？這個像文革時代「鬥幹部」式反貪方法，起初是非常有效，但後來那些明代紅衛兵，當然是越來越離譜，例如開始為了逃稅而誣告徵稅官員貪污。這造成很大的麻煩，不但官員完全無法執行職務，政府庫房也因此蒙受很大損失。尤其是以准許人民自己去逮捕涉貪官員職位的方式來反貪污，不但使政府官員威望全失，也使官府的任命亂成一團，施政也當然無合理水平可言。所以到了建文帝即位，第一件事就是廢除了這項亂七八糟的法規。

9 每天上班都是玩命

朱元璋是一個偉大的作家，他寫了很多本書，每一個官位的職能、怎樣履行職責、合乎標準的表現應是如何，他都寫到很詳細。譬如縣官有三十一個職能，這些職能分別是甚麼，審案應怎樣審才對諸如此類。但最誇張的是規定第一日上班要把全部檔案看一次，第二日就要將未判的案抽出來，第三日就要把案件分類等等日常工作也一一列出，真是比起許多跨國企業的員工手冊還仔細。朱元璋有如周公，為後世官員確立了詳細的工作守則，好使大家都有規可循。

控制對於朱元璋來說永無嫌多，於是他也用了傳統的方法，就是出動御史。本來有御史中丞及其屬官，後來改成左都御史、右都御史，下面再有十二道（後改為十三道）監察御史，共設御史一百一十人，在京則監察朝廷的文武百官；分巡各地則監察地方官員。有時我們會在粵劇中看到，中了狀元會獲封五府巡按，那就是明朝的制度。朱元璋偏好起用新人，年輕、剛出仕的最合他心意，因為覺得他們沒有這麼快捲入既得利益集團，沒那麼快沾手貪污的勾當，而且對自己忠誠度高，利用他們去巡視地方，打擊早已貪污成風的老油條就最合適不過。

大致來說，明朝把官員的升遷制度化了，使官員升遷的階梯完善和明確得多。如果你生在宋朝而中了進士，之後會出任甚麼官位，可說是沒有甚麼規定。但若你在明朝中了進士，你至少未來幾年的前景就會很清楚，因為這個朝代甚麼事情都追求秩序井然，進士這些全國精英的發展，更加是不能亂來。

升遷的路徑如此清晰，考核的過程當然也是一樣。大家今日批評香港的公開考試制度僵化、限制學生的創意，有稱之為「八股文」，而「八股文」這個考核方式正正是來自明朝的。除了課程內容限制多多，考試的時間地點也有清楚規定。鄉試在省內每逢子、卯、午、酉年秋天舉行，故又稱為「秋試」，秋試的具體日子亦有規定。考完之後明年春天入京，稱為「會試」；會試之後就「殿試」，殿試之後就放榜。放榜之後還有複試，複試之後，翰林院、承敕監等近傍朝廷之下觀政學習者稱「庶吉士」，於六部之下學習的則稱「觀政進士」。明英宗以後的慣例，則是科舉進士一甲（即狀元、探花、榜眼），授予翰林修撰、編修。另外從二甲、三甲中，選擇年輕而才華出眾者入翰林院任庶吉士，稱為「選館」。清朝雍正以後的庶吉士一般為期三年，期間由翰林院內經驗豐富者為教習，授以各種知識。三年後，在下次會試前進行考核，稱「散館」。成績優異者留於翰林，授編修或檢討之職，正式成為翰林，稱「留館」。其他則被派往六部任「主事行走」、「御史行走」，或者外派各地任官，通常是知縣。上述我們今天熟知的科舉制度，其實源自明太祖，一直沿用到清朝，整體設計的變化不大。

值得一提的是御史一職，名為開放言路、准許風聞奏事，實則就是扮演監察官員的角色。然後又設了所謂六科給事中一職，專司糾察六部官員，凡是說話不方便者，就可向六科給事中報料，概念也是用低級的官員去監察高級的官員。

但明朝最為後世「傳頌」的，可能還不是影響深遠的科舉制度，而是其大名鼎鼎的特務網。在朱元璋後代子孫發明那些東廠西廠內廠之前，朱元璋已開始從檢校入手，為建立鋪天蓋地的特務網鋪好了路。「檢校」是甚麼呢？這群人從事秘密偵探工作，專門向朱元璋報料，例如每個大臣每天都在做甚麼、說過甚麼，朱元璋透過這些報料人完全清楚。有位老文人名叫錢宰，他是元朝至正年間進士，但他想侍奉家中長輩，拒不出仕，到洪武二年（1369年），方徵為國子助教。一位老人家負責編輯整部《孟子節文》，真是日以繼夜、夜以繼日，每天還要一清早起身返工，公餘之時，隨口吟了幾句詩，詩曰：「四鼓咚咚起著衣，午門朝見尚嫌遲，何時得遂田園樂，睡到人間飯熟時。」誰知次日錢宰上朝，朱元璋一見他便說，「昨日作的好詩，不過我並沒有嫌你遲啊，改作『憂』字如何？」錢宰這一嚇真是非同小可，首先皇帝是怎麼知道我私下說的話啊？再者皇帝說我誤會了他，那還得了？只得連忙磕頭謝罪。幸好當日朱元璋心情靚，只講了一句：「朕今放汝去，好好熟睡矣」。不過其實錢宰還是捱到洪武十年（1377年）才可退休。可幸是他在朱元璋眼下，竟然活到九十六歲才壽終，沒有在朝堂上遭遇不測，絕對是洪武一朝的逆市奇葩。

朱元璋的檢校甚至會把某某官員在家的瑣事也報告一番。於是朝堂上每有官員被朱元璋斥飭一番：「你昨晚為甚麼在家喝酒」、「還好你不是喝很多，只是喝兩杯」、「飲酒飲得太多是犯法」。即是 每個官員的私人的生活，全被朱元璋的特務嚴密監視，難得朱元璋堂堂一國之君竟有耐心聽，而且也不嫌瑣碎。或者可以用來殺人的證據，聽起來饒有趣味吧。

話説有個叫茹太素的迂腐書生，寫了一篇萬言書給朱元璋。朱元璋嫌他的東西冗長重複，叫他以後不要再來囉唆，順口就爆出兩句很能代表朱元璋的金句：「金杯同汝飲，白刃不相饒」——意即今日我就拿金杯出來和你對飲好像很開心，但他朝一反面就等人頭落地吧。茹太素聽見朱元璋這樣講，他就回應説「丹誠圖報國，不避聖心焦」——雖然你説我煩著你，我也知隨時會因此無命，但對您是一片赤誠忠心，一心想報效國家，即使令您憂心，也是無法了。結果？茹太素還是死在朱元璋手上。

朱元璋到了晚年，百官每天上朝，是要哭著和家人訣別的，因為誰也不知道下午自己是否有命回來。如果那天朱元璋心情好一些，就會把玉帶掛高一點在胸口；玉帶如垂在肚子下面，則表示他心情很壞，一不小心就會大開殺戒，百官上班像被困恐懼斗室，其中的恐怖真是令人不能想像的。到了洪武十五年（1382年），最令人聞風喪膽的錦衣衛終於出場了。錦衣衛原本是在天子親軍十七個衛之向朱元璋匯報，跟朱元璋很親近，於是這些人變成特工隊，就像憲兵隊一樣。由於錦衣衛身穿朱紅色制服，所以又叫緹騎。錦衣衛的制服上有飛魚紋，而所謂飛魚紋是作蟒形而加魚鰭魚尾的圖案，並非真的飛魚，通常身份顯貴的人在隆重場合才可穿著的。而錦衣衛佩帶那一把叫繡春刀，也是地位的象徵。錦衣衛權力之大，從逮捕犯人、嚴刑拷問、審訊、判決、以至監獄管理均是一手包辦，由他們監管的刑獄又稱為「詔獄」，由北鎮撫司掌管，專奉皇帝詔令直接拘禁犯人。詔獄中刑法殘酷，名目繁多，一旦進去，很少有人能活著出來。所以北司的人雖然只屬五品，但一品大員也對之極為畏懼，怕萬一開罪他們，便有殺身滅族之禍。但可幸是幾年之後，朱元璋也自覺得不妥，就廢除了錦衣衛。但錦衣衛和羅馬一樣絕不是一天建成的，於是也不是一天可以廢除的。所以後來朱棣即位，急不及待就恢復了錦衣衛，大玩特務政治。明朝官員上班等於玩命的日子，又怎會這麼容易結束呢？

10 無止境的文字獄

説到底，朱元璋的治國方程式，就是嚴密制度、思想控制、嚴刑峻法的總和，而他這套想法的根據，很多是來自儒家思想。我講過《皇明祖訓》，其實就是他設想了一些情景，然後寫下一些指引要求大家遇到類似情況時就照做。寫得這麼死，可想而知，越到後來，就越是脱離實際，直到根本難以實行，或者引發很糟糕的後果。但無論如何，有這麼大的魄力去開創一個被後世跟隨了五百多年的制度出來，還是值得佩服的。

不過，對事情看法這麼絕對的人，通常暗地裏自尊心很脆弱，於是也特別忌諱人家對他心中不服，特別忌諱人家暗地裏批評自己。箝制思想的手段在這些人眼中是必不可少的。正如前文所言，朱元璋要強逼大家熟讀他的書，《大誥》、《皇明祖訓》，後來乾脆要國子監所有人都要背他的《大誥》。但除此之外，他還不許大家讀《四書》以外的書。後來有一天，他自己讀到《孟子》時候，發現了這幾句：「聞誅一夫紂矣，未聞弒君也……君之視臣如手足，則臣視君如腹心；君之視臣如犬馬，則臣視君如國人；君之視臣如土芥，則臣視君如寇讎」，即是孟子説如果皇帝是暴君，對臣子很差，臣子可視他為仇敵，也可以　君了！這下刺中了朱元璋的死穴，於是他要求把《孟子》這些對君上不敬的話全部刪去。有個人不要命的人為了捍衛這本聖賢之書，竟要和他爭論，最終被直接從樓上摔到街上跌死。

張士誠墓，現址於蘇州市南施公園內。傳說朱元璋賜棺木將張士誠安葬於此，但正史沒有相關記載。

連孟子的話都被刪掉，其他人寫的東西自是不能倖免，所以無止境的文字獄又是洪武一朝的一大特色。朱元璋很喜歡說自己是淮右布衣，以自己做過和尚、做過乞丐證明自己很能明白民間疾苦。不過呢，他自己可以講，其他人則是萬萬不可以講的，要時刻記住這個皇帝真的是非常多疑。有傻仔想拍他馬屁，說甚麼「光天之下，天生聖人」，光、光、光……不就是影射自己的光頭嗎？朱元璋自然把這人處死了。還有「無德頌陶唐」即是說我沒有德行嗎？好，這人處死。「天生聖人，為民作則」不是諷刺我做賊嗎？（普通話「則」和「賊」諧音）好，這人又處死。

據說朱元璋所以這麼怕讀書人在背後非議他、嘲笑他，

張士誠墓碑近觀

是因為張士誠之故。有天他隨口説張士誠這個名改得不錯，但馬上有旁人指出，張士誠不讀書，替他起名的人用了轉彎抹角的方法來作弄他。因為《孟子》上有一句：「士，誠小人也」，亦可以惡搞，將句讀改為：「士誠，小人也」，那是嘲笑張士誠是小人；但張士誠懵然不知，還照單全收。聽完這故事，讀書人在朱元璋心中就成為狡詐的代表。想不到這個作弄張士誠的士人，反而在朱元璋心中留下了面積不小的陰影。於是類似上述那些文字獄，又死了許多人。之前説過朱元璋反貪成癖也不誇張，他對官員操守要求之高，真是香港的廉政公署也望塵莫及。如新任官員不准帶超過大概相等於今天十公斤的行李坐車，比飛機的行李限制還要嚴格。在他的統治之下，很多人不肯做官，甚至還明確表態。其中一人是夏伯啟，他兩叔侄為了避免任命，甚至斬了自己的右手拇指，寫不到字不就做不了官嗎？朱元璋乾脆把他們召到京師來問話。朱元璋問，元末時你在哪裏？他們回應説，那時候紅寇大亂，我就藏在深山；現在我就回了家鄉，生活都很安定。其實一提「紅寇」兩字，已經是死定了，因為讀書人很看不起明教，就稱他們為「紅寇」、

「紅巾賊」，但問題是朱元璋他就是明教出身的！朱元璋一聽，就登時人生導師上身，說父母生你是極大的恩德，你就應好好報答他們。而我是你的皇帝，如果沒有我保持天下秩序的話，天下就會大亂，你的財產就會被搶，你自己也隨時會被流寇殺死……所以是我令你今日可以安居樂業，這叫做再生父母！我救了你的命，而你竟然不想為我做事，那你是不是應該死？夏伯啟面對朱元璋這種神邏輯，就直接說我甘願受死算了。但此例一開，此後朱元璋叫任何人幫他做事，只要那個人拒絕接受任命，都已經是死罪。

都說明朝是個奇怪的朝代，再高壓的皇帝、再變態的廠衛之下，仍有不怕死的士人前仆後繼要說出真話，送命也在所不惜。這裏又有一個了。當所有的大臣、功臣、名臣、忠臣都完全噤口不言，偏偏又一個不畏觸犯天顏的解縉站出來了。解縉就是明朝三大才子的首個，他在洪武一朝中了進士，朱元璋很喜歡他，因為這人也實在聰明絕頂。有一日，朱元璋居然轉了死性，對解縉說，我和你義雖君臣，情如父子，你對於朝政有甚麼意見，不妨直說。於是解縉就寫了一篇萬言書給朱元璋，批評朱元璋用刑太過，說天下賢才如此之多，但現在無人可用，因為賢才都差不多被你殺光了，倖存的那些也嚇到不敢來。這萬言書有兩句說話很有名的，他說朱元璋的統治是「無時不變之法，無有不罪之人」，即是天下法律幾乎不停在變，於是朝令夕改之下，人人都無可避免會誤墮法網，於是天下沒有一個人沒有罪。朱元璋看見，真是被批得無話可說，心想解縉說的很對。但礙於顏面又不能認衰，只好叫解縉先回去好好讀書再回來做官。朱元璋居然破天荒地沒有處罰解縉，可見他還真的很寵愛解縉。

一個律人極嚴之人，律己又如何呢？老實說，朱元璋之勤，是整個明朝所有皇帝都難以企及的，他八日之內處理一千幾件奏章，三千幾件大小事務，即是平均每日處理四百幾件事。至於儉，應天的皇城中有菜園，自給自足，他的早飯餐單，傳說只有一塊菜葉和一磚豆腐而已。他教太子，要仁、勤、儉，這個身教的榜樣還是很像樣的。除了仁是他完全做不到之外，他的勤和儉真是前無古人、後無來者。但這樣的人最擔心的，就正正是繼承問題。他的王朝能不能夠千秋萬世下去，取決於有沒有合適，或者跟他一樣勤政的接班人。尤其是他所確立的那套甚麼都要管的制度，非要由一個事必躬親的超級工作狂接手，才能運作下去。然而這個就正是直到他死那天為止，仍解決不了的問題。

11 痛失最好的繼承人

朱元璋是許多人的偶像，那麼他自己的偶像又是誰？根據記載，朱元璋談得最多的是劉邦，也有很多做法是模仿漢高祖的。但是他認為可惜的是漢高祖統治了天下沒多久就死了，到了漢文帝那個時候，沒有制禮作樂，訂下一套制度出來教化人民，使皇朝思想和行事方式永久傳下去。朱元璋他之所以寫《大誥》、《皇明祖訓》，其實都是在創製一套制度，幾乎把國家所有事情都作出規定。而後來明、清兩個朝代的政府運作基本上都是根據這套制度，到了清朝只是也只是稍作微調。所以清朝的皇帝都覺得朱元璋很偉大，甚至認為他比唐宋的皇帝都要厲害。朱元璋還有一個令人難以理解的世界觀，但在明清的皇帝眼中卻是理所當然的：他認為這個世界需要一個皇帝負責維持秩序，所以所有人應該無條件地服從這個威權的統治，而皇帝自己就應該極勤政、極慳儉，令到他屬下的人民有衣穿、有飯吃，而做官的、做士大夫的，就應該嚴遵孔孟教誨，重義輕利，勤修苦讀，儉樸過日，不要剝削百姓。而平民百姓則要各安本份，除了農民因為生產糧食以維持國本、所以給予較好的待遇和向上流動的機會外，其他的人，如軍隊、工匠、商人之類，他們的地位都要比農民低，都應該世世代代安守本業。基於這種想法，他對所有稱皇稱帝的人都是非常尊重，譬如對於他討伐的張士誠或者元順帝，他竟也認為是受命於天，所以也加以厚待。他甚至認為蒙古人建立了元朝，最初對人民也是很好的，只是後來因為太過軟弱，所以失政。所以他奪得江山之後，即使捉到忠於元朝的人，甚至是元朝宗室，也是頗為善待。朱元璋是個徹底的王權崇拜者，這種思想在中國人心目中很普遍，應該說到了今天還是很普遍。認為有飯吃有衣穿、經濟繁榮就要多謝共產黨的人，可說是和朱元璋一脈相承。你可以說朱元璋除了嗜殺成性這點以外，其他的事情他基本上都是跟隨儒家那一套內聖外王的方法去做。

正如前文所言，他跟太子說做皇帝必須具備四項德行，仁、勤、明、斷。他覺得自己是一個仁君嗎？某程度上，「朱元璋是一個仁君」這個想法聽來荒謬，但實際上也非完全錯誤。因為他當年打天下時候，曾下令不殺平民，不許縱火焚毀民產，平民百姓的賦稅是三十賦一的歷史新低，人民受災時沒有人比他更在意要救濟災民，對於剝削人民的官吏更是嚴加打擊，絕不手軟。但對付官員手段之殘忍，前面已提到很多例子。因為他相信治亂世就是要用重典，甚至為了捍衛他這套管治理念，不惜和很多人衝突，連他最敬愛的馬皇后其實也怕了他。洪武十五年，馬皇后得了一場病，但堂堂皇后竟不敢就醫，因為怕萬一醫師治不好她，朱元璋又會因此而遷怒醫師，又不知會牽連多少人命。而朱元璋的義子李文忠，自洪武十年起管理中書省，和朱元璋有過很多爭執，但導火線也跟其他人的故事大同小異；就是李文忠也是覺得朱元璋太殘忍，而且認為朱元璋太重視太監，可能種下宦官橫行的禍根。李文忠屢犯聖顏，難免多受譴責，但朱元璋雖然覺得李文忠的話未必中聽，不過對他依舊是非常看重，那是洪武一朝極罕見的例子。即使洪武十三年（1380年），朱元璋裁撤大都督府，解除李文忠的兵權，但他最終還是聽從李文忠的話，立下鐵牌，嚴令「內臣不得干預政事」。

但朱元璋和屬下其他文臣的衝突，也就不那麼好解決了。那些文臣如解縉、宋濂等受儒家思想薰陶，當然希望採用較仁厚的方法治國用人，跟總要用雷霆手段和嚴刑峻法的朱元璋本身就格格不入。但最大的問題是，朱元璋和太子朱標也為此發生了非常嚴重的衝突。朱標是朱元璋精心培養的接班人，不但非常注重他的日常飲食起居，也請了宋濂等諸位名宿大儒教導太子。但正正就是這樣，自小接受儒家正統教育的太子朱標，培養出一副溫柔敦厚的好品格。可是他雖然廣受朝野愛戴，行事作風卻往往跟父親完全相反，父子之間政見分歧日增，彼此之間矛盾日深。

有一次，其實可說是最後一次，太子朱標又和朱元璋為了幾件重審案件的用刑輕重而爭論。太子以子之盾攻子之盾，質疑朱元璋說，你不是教過我，要以仁治國嗎？動不動就對人處以極刑，怎麼會是仁？朱元璋和太子吵到面紅耳赤，誰也說服不了誰，於是就找來御史袁凱來評理。袁凱也十分聰明，想到了一個兩邊不得罪的說法：「陛下法之正，東宮心之慈」。即是您主張殺，是堅持以法治國，這人根據法律來說的確該殺；太子主張放，因為他的仁心仁慈。但朱元璋這人真難服侍，聽了還是很生氣，只覺得他很滑頭。袁凱深知朱元璋殺人不眨眼，回去馬上裝瘋扮傻。朱元璋不信，就命錦衣衛去他家，拿個木鑽鑽他的大腿，直至鮮血淋漓，他竟厲害到可以裝作不痛，朱元璋見狀只好放他回鄉。但後來朱元璋還是不放心，過了沒久，就派人去他家窺探，看到他在欄杆下面拾狗糞吃，朱元璋才真的相信他是瘋了。原來袁凱深知朱元璋不會輕易放過他，於是找一些焦糖和麵粉扮作狗糞，知道他的探子來了，便故意在他面前吃，那才避過一劫。

朱元璋和太子、以致後來的太孫允炆所以有這麼嚴重的意見衝突，是因為這些案件株連及很多他們很熟悉的人，譬如太子的正室是常遇春的女兒，朱常兩家多次結成姻親，彼此的小孩可說是從小玩到大，而這些人到洪武二十三年（1390年）李善長案的時候，幾乎都死在自己父親手上。你說太子這讀儒家詩書長大的人，怎可能不是大受打擊？這連串事件，造成太子長期精神抑鬱，身體狀況每況愈下。最後在洪武二十五年（1392年），他從陝西視察回來，本身已經帶病，但還是和朱元璋就犯人的判刑問題爭論。太子如常提出為犯人減刑，但吏部尚書詹徽就說要處死。朱元璋衝口而出一句說話，類似是「你自己做了皇帝才說吧」。這樣的話他其實講了很多次，幾乎是一有衝突就說，但聽來卻像疑忌太子想做皇帝。太子回去後不知怎地就開始發病，沒過多久就死了；而他臨死前就講了一句說話，「殺我者，詹徽也」，可見太子死時候心裏還是想著這件事。雖說太子經常與自己爭辯，但畢竟是親兒，又是自己精心培養的接班人，痛失這個勤奮長進的太子，對朱元璋真是人生最大打擊。而他對詹徽也因此恨之入骨，所以到了藍玉案時候，藍玉供說詹徽是他的同黨，朱元璋想也不想，就把這個吏部尚書詹徽逮捕處死了。

朱標死後，朱元璋直接立了年僅十六的允炆做太孫。他和太子這種理念衝突，到了允炆的時候稍為好了一點。允炆也是主張仁厚，但他和朱標不同，朱標已經主持朝政多年，信心比較大，所以有時他比較敢於抗衡朱元璋的一言堂，會說幾句或令朱元璋不高興的話。允炆就很孝順，很聽話，雖然他心裏面不喜歡，但很少說出來。不過雖然如此，這些個性上理念的衝突還是持續的。朱元璋這種猜忌、好殺、衝動的性格，還是使他不斷和很多人發生嚴重衝突。太子的死其實他要負頗大責任，因為他嗜殺成性的作風，和他以儒家「仁」的思想教導太子是自相矛盾的。他這個性格缺憾，跟導致太子成病的　心鬱結不無關係。

12 欠缺安全感而來的焦慮與多疑

朱元璋常常自稱「淮右布衣」，又認為農夫是最辛苦的人，天未光就要下田，黃昏才回來，豐年才有飯吃，荒年就吃不飽，所以農民出身的他，即使做了皇帝還是保持著農民的勤儉，而這種勤儉多少與農民這種欠缺安全感有關。所以朱元璋事必躬親，第一當然是為了自己的利益著想，為了朱家王朝可以千秋萬世，這個是私心。如果以公益來說，他覺得天下間的秩序一定要由王朝維持，皇朝不可能繼續，社會秩序就會大亂，人民就沒有飯吃。而他細想歷代許多皇朝為甚麼不能夠維持下去呢？只有兩個原因，第一，皇帝大權旁落，第二，人民造反。

所以，為了使大權不會旁落，他廢相、廢大都督府，把所有可能和皇帝爭奪權力的人，分拆他們的大權，或直接收歸皇帝管轄。第二，為了使人民不致造反，就要善待人民，不容人民被剝削。他常說國家在戰亂之後一窮二白，所以更要嚴厲對付殘民自肥的官吏和鄉紳。要和天下的既得利益對著幹，先決條件是皇帝要很勤政。朱元璋有多勤政？上面提過一些例子，現在再給大家一個統計，好使大家有些概念。洪武十七年（1384年）九月，由十四日到二十一日，在在八日之內，他親閱的奏摺是一千六百六十六分，一份奏摺很多時不止講一件事，可以是兩件事，所以他平均一天處理的，隨時可以是有三千三百三十二件事。而平常的每一日，他看的是二百幾份報告，處理四百幾件事情，真的就只有朱元璋才做得到。莫說他的子孫，就算我們也會想：這麼辛苦，做皇帝來做甚麼呢？但做皇帝的職責其實不止這些，還要主持很多儀式，祭天祭地祭祖宗，還要和大臣開會，一萬件事情要商量。還有人事任命升遷，那些你任命或擢升的人總要見一見吧。那就是一天做十八個小時都不夠，所以他的子孫可說是完全做不到。後來者之中，有朱元璋那麼勤政的大概只有雍正。雍正的養心殿那裏，就寫著兩句說話：「以一人而治天下，非以天下奉一人」。做皇帝是種責任，是一個人管理全天下，管理億兆的子民，而非享樂或者特權，沒有以天下侍奉一人這回事，做皇帝可不是鬧著玩的。

朱元璋自己倒真的很慳儉，凡是衣服車馬的日用東西，應該用金的，他就改用銅；他看見有一個內侍穿一件五百貫的新衣，他馬上把他罵到半死。他取了元順帝花很多錢做的自動水晶刻漏時計，不是留為己用，而是馬上砸毀，說這個太奢侈；拿到陳友諒的鏤金床，說和蜀主孟昶那個甚麼七寶尿壺一樣，又是砸毀再說。

朱元璋的不安感，也體現在他的疑心上面，他在教誨太子的時候，說為君者要仁、勤、明、斷，「明」就是精明，不要被人欺騙到。朱元璋倒真是很難騙到，因為他是極度多疑的，對甚麼人都懷疑，被他好人當賊扮的機會，一定遠比成功騙倒他要高出很多。而「斷」就是決斷，朱元璋也是軍旅出身之人，常常相信軍情瞬息萬變，於是戰略上要有決斷。這點跟毛澤東有點像。譬如，在未曾統一天下之前，他對臣下很是寬厚，因為這些人幫他打天下，為他拼命；就怕是對俘虜也相當好。不過，打完江山，一切就不同了。他的疑心病開始發作，然後就會想：這幫人會不會推翻我的統治？所以還是先下手為強，先嚴厲對付他們再說。他常常在這個缺乏自信心和安全感的狀態，而經常為了自保，做出很多很過分甚至超乎常理的舉動。因為他是用軍事思維來想事情，行軍之人常常怕被人奇襲，所以總要先發制人。這跟毛澤東也是非常相似。一統天下前，懷著很多仁義道德的理念，一旦做了皇帝，就只強調忠君思想，誰對他不夠忠誠，他都要懲罰。元朝有一個名叫危素的大學士，在大都失守之時想自殺，但有人勸他不要自殺，因為他是主編歷史的官員，若他這樣就死了，元朝歷史就沒有人知道。他真的打消了自殺的念頭，後來朱元璋還真的就命他編元史。有一天，他在朱元璋面前自稱老臣，朱元璋看著他就諷刺説，哈哈，我以為你是文天祥。即是嘲笑他也是降臣，裝甚麼忠臣節義之士呢？然後就派了他去守余闕的墓。余闕就是為了效忠元朝而死的人，派危素去守余闕的墓，即是諷刺危素沒有以身殉國（元朝），存心是要羞辱他，而且專挑他的軟肋來出招，也不能説不狠。

13 貨幣系統大崩壞

朱元璋的時代接近終結，是時候談談那個時候的經濟民生究竟是怎樣。其實元朝末年，民生凋敝，人口大減，到洪武五年（1372年），朱元璋基本上統一全國之後，經濟復甦，人口就恢復得很快。

到了洪武後期，全中國已經有戶一千一百多萬，人口七千萬。人口不但回復正常增長，而且比起元朝初年，更多了百分之三十到四十。明初經濟迅速復甦，原因有二。第一是稅賦低，第二，軍隊能自給自足，無須靠國庫供養，使國家財政即使在低稅率下仍能收支平衡。但後來這個做法開始不能持續，軍隊要靠國家支薪維持；不過朱元璋把屯田用來收租，用以支付軍隊的糧餉，也總算不用百姓供養。

說起薪金糧餉，就不能不談到貨幣。明朝的貨幣制度究竟是怎樣？今天我們看古裝劇，主角多是拿一錠錠白銀出來使用的；又或者有些人會認為明初應該也是用銅幣，大錢小錢之類。不過其實兩個說法都是錯的。由明朝初年至弘治年間整整一百年，用的都是紙幣，名為寶鈔。若說以貴重金屬來做貨幣，在中國從來都不太可行，因為供應不夠。所以金銀在中國從來都是裝飾品，難以成為主要貨幣。中國一直是用銅幣作為主要貨幣，由漢朝開始，五銖錢就變了主要錢幣。但銅錢有個大問題，就是很重。根據明初的幣值計算，一貫就是一千個大錢，穿起它就是一貫，而一貫就等於大概一兩銀，也等於一石米。想像一下，一千個銅錢有多重！情況大概就是把一張五千元紙幣，兑成五千個一元硬幣的盛況吧。

用銅錢就是這麼一回事，即使裝了箱，交易成本還是很高。其實自元朝開始，中國已經一直在用紙幣，人民也不得不用，因為貴重金屬不足，所以就得以發鈔票代替。鈔票本身其實是一種代用券，證明某人擁有等值的銅錢，以免卻運輸的麻煩和風險。其實全世界的鈔票大概也是基於這個原因發明出來，都是金、銀、銅的一種代用品。第二次世界大戰之前的港幣鈔票上面都寫著 The Hong Kong & Shanghai Banking Corporation – Promises To Pay The Bearer On Demand At Its Office Here XX Dollars，其實是銀行承諾誰持有這張紙，就會付他等值的錢。元朝開始廣泛使用紙幣之後，起初是有足夠的金銀用以和鈔票兌換的。但正如前文所言，到了元末，濫發鈔票情形已很嚴重，所以通貨膨脹很是厲害。但還有一件事，就是鈔票的紙質很差，用了不久就破爛了。其實每張紙幣是要回籠的，即是每過三年或五年，你要負責主動把破舊的紙幣交到戶部，由戶部就換你一張新的紙幣，否則紙幣破損招致的損失就會由持有人自己承擔。

中國是一個貧銀國家，以白銀作為主要貨幣，基本上不可能；銅幣則由於元朝和世界各地貿易不斷，銅錢也是不停外流，所以銅的供應也不夠。日本現存的銅錢，基本上全部是由中國流入的，越南、日本、暹羅用的銅錢，都是由中國輸出的。於是朱元璋在沒有辦法之下，也只得學元朝發行紙幣。發行紙幣，第一是要打賞那些軍功彪炳的將士，第二是要用作救災。原理上，紙幣發了出去，交稅時候就可收回。而紙幣機制到了明朝，出現了很大的問題。首先，戶部不會回籠紙幣，不但沒有規定持有人須定期用舊幣換新幣，若持有人主動以舊幣換新幣，甚至須補百分之二十五到三十的差價，即是説幾年後的紙幣就會自動大幅貶值。於是大家拼命把紙幣換出去，因為如果誰人保留這些紙幣，等於任由自己的血汗錢白白貶值。偏偏國家流通的貨幣就是這些紙幣，而於洪武一朝的三十年間，一共發行了相等於一億五千萬錠白銀的紙幣。一錠即是五貫，換算起來即是七億多貫；或者這樣算，如果一貫是一兩銀，印製鈔票就應等值七億多両白銀！中國哪可能有這麼多白銀？那當然是造成嚴重的通貨膨脹。

由洪武八年（1375年）到洪武十八年（1385年）短短十年間，紙幣的價值由於近乎瘋狂的濫發鈔票，整整貶值了九成。大家對這個貨幣系統完全失去信心，只拚命儲銅幣、金銀甚至其他實物用作交易。到洪武末期，朱元璋無法收拾自己搞出來的經濟殘局，於是又使出他的絕招——禁令，今次是不准人民用金銀或銅交易，意圖把紙幣造成一種壟斷市場的貨幣。但這個紙幣制度到此已近乎名存實亡，大家不是在鈔票上作弊做假，就是不理三七二十一拒收紙幣，總之要用其他貨幣或實物進行交易。但這個半死不活的幣制，要去到仁宗宣宗才得以廢除，到弘治年間才壽終正寢。

14 封閉型經濟

關於朱元璋的經濟政策，除了濫發紙幣之外，還有一些值得談論之處。第一就是他發明了「開中法」。原理是這樣的：如果某地屯田不夠，例如是在邊境地區，就要從其他地方補充糧食；如果由官方運糧，成本很高，商人運糧就便宜一點，於是官府准許商人運糧去邊境，而負責運糧者就可獲得「引」作為報酬。「引」是可去淮南等地領鹽的憑證，而這些憑證本身可當作鹽來轉賣。後來，更命商人在邊疆曠地招募農民耕種，以當地農穫換取鹽引。可見得這其實是一種把糧食的供應和輸送外判的制度，而使到民間願意從事的誘因，就是以國家專賣的鹽作為酬勞。

除了鹽，明朝最重要的商品交易就是茶馬交易。還記得他殺了駙馬歐陽倫那件事嗎？茶馬交易利潤可觀到連駙馬爺都被吸引了，而且還要因此喪命，就是因為青藏高原和甘肅的居民很需要茶葉；

於是用他們盛產的馬去換茶葉，而利潤可以是數倍之多。所以茶馬很快便制定為專賣商品，由官方包辦，一般人是不許從事的。

然後讓我談談朱元璋的對外政策。古代很多時對外政策，也是經濟政策的一部分。洪武二十年（1387年），朱元璋派大將馮勝、藍玉出兵遼東，收服元朝殘餘勢力納哈出，並於同年十二月於朝鮮半島東北面之南端設置鐵嶺衛，並設立鐵嶺衛都指揮使司。鐵嶺是非常敏感的軍事要衝，本來是元朝和高麗的國界劃分處，高麗國王辛隅居然趁機派出使臣，向朱元璋提出要求把鐵嶺劃分給他們。朱元璋當然是斷然拒絕。高麗使臣回去匯報後，辛隅竟然不是知難而退，而是出兵四萬，準備征伐遼東。喂喂，辛小朋友，朱元璋是甚麼人有看清楚嗎？那是久歷沙場風霜的朱元璋，再者打仗這麼昂貴的玩意，要不是很有把握可以打贏和收回成本，朱元璋是不會輕啟戰端的。這一點辛隅沒看到，但這次出兵的統帥，左、右軍都統使曹敏修和李成桂卻看得很清楚。李成桂一直反對和明朝翻臉，因為他很清楚這是以卵擊石，但極力勸阻無效，只好硬著頭皮出征。但大軍到達鐵嶺後，他説服了曹敏修，帶領軍隊掉頭返回高麗、廢黜辛隅，建立了我們後世所熟知的李朝。李氏王朝派使臣向明朝稱臣，甚至廢除了高麗的國名，朱元璋則為新的王朝取名朝鮮。朱元璋還在《皇明祖訓》把朝鮮列為「不征之國」，嚴令子孫世代永不能征討朝鮮。至於朝鮮之名何來？有說是取「朝日鮮明」之意，但其實朝鮮是古代的名字，箕子的國名就是朝鮮，是向著「鮮水」的意思，但鮮水指的是哪一條河，到現在已不可考，我認為可能是黑龍江。

但除了這一役，朱元璋基本上並不好打仗，因為他很清楚中國已到了地理的極限，再進行攻伐，本身勞民傷財之餘，太遠的疆域管治成本也會很高。這點和德國卑斯麥的看法有點相似，要建立自己強大的軍事實力，但如非必要，絕不要真打。所以上述在《皇明祖訓》裏的「不征之國」，其實有十五個之多，包括朝鮮、日本、暹羅、大小琉球等。而他本身對於貿易很有戒心，首先，正如上文所言，這個不通經濟的農民皇帝，本身很看輕商業，認為貿易會導致貧富懸殊，打破他辛苦建立的平等狀態，而對外貿易更會招惹很多麻煩。所以在洪武三年（1370年）他已開始實施海禁，撤銷太倉黃渡市舶司，甚至嚴令「片板不能下海」。從此時起，明朝便開始進入封關鎖國的狀態。

15 皇子血統的歷史懸案

朱元璋所做的所有事情，封關鎖國也好、誅殺功臣也好、大興刑獄也好，看似毫無關聯，實則都是圍繞著他心中一個偉大構想，就是建立一個永久的王朝，為子孫後代鋪路；而他對是否能夠達成這個偉大構想，其實充滿擔憂，所以一旦出現任何威脅，他一定是下狠手把威脅連根拔起，消滅於萌芽（或者其實從不存在）的狀態。從這一點開始，你才會明白朱元璋的作為。

譬如他兩次誅殺功臣，名為嚴懲貪污，實質是他看到皇權受威脅的苗頭，要先下手為強。他為了對付胡惟庸，連丞相的職位索性取消了，也給他從來看作狗一樣的文人士子一個血腥的警告：別想打任何壞主意。除了讀書人，另有一班人，他總是隱隱覺得威脅到他政權的，那就是淮西功臣集團。淮西功臣集團之中，有位深受尊重的精神領袖，那就是李善長。朱元璋看來看去覺得很不順眼，萬一這個集團再坐大，是否會威脅到太子朱標？於是洪武二十三年，又來了一宗大案——李善長案，又誅殺了一大班功臣。剩下的只有一批向他忠心且「好打得」之人，因為他始終需要有一班比較有才能的奴才協助，方可維持國家安全。

朱元璋看不過眼的不止功臣，還有他的帝都南京。他不喜歡南京的宮殿，因為那是燕雀湖填湖而成，但當時填湖的技術不及今天，連樁也不打，宮殿很快便出現沉降。但沉降主要在北邊，南面沉得比較少；由於南邊向外，於是宮殿變成前高後低。他覺得京城的宮殿這樣不太像樣，宮殿一系列建築物的斜度應該是前低後高，現在是倒過來了。在軍事方面，南京偏安東面，於控制全國也不是很方便。洪武二十五年，他派太子朱標去西安視察，考慮是否可以遷都京城，回來太子朱標把陝西的地圖交給他，後世相信朱標是建議他遷都西安。殊不知朱標回來，沒過多久就死了。這個對朱元璋是很大的打擊，因為他已經花了十幾年培養太子成為接班人，而朱標亦已有能力幫他處理日常所有政務。他整個繼位安排的佈局，都是以太子朱標為中心，而朱標幫他處理政務多年，已建立了一定威望，加上朱標早已深得朝野愛戴，他繼承皇位的話，眾人一定心服。

可惜，朱元璋最珍惜的兩個人，也最能調和他喜怒無常的壞脾氣的兩個人，都在十年之間先後離世。一個是馬皇后，一個就是太子朱標。正如前述，雖然朱元璋有很多妃嬪，但他一生都很敬重馬皇后，甚至在馬皇后死後都對她念念不忘。雖有說馬皇后長得很醜，但馬皇后對他的影響很深，甚至可說天下間只有馬皇后一個人可以勸服他，阻止他殺人或者推行某些瘋狂的政策。洪武十五年馬皇后死後，加上洪武二十五年太子離世，基本上是沒有人能制止朱元璋。

馬皇后之所以深得朱元璋敬重，其中一點是她不吃醋，只要是朱元璋的兒子，不論是誰所出，都會悉心培育他們成長。朱元璋有二十六個兒子，十六個女兒，其中兩個兒子早死，養得大的兒子竟然有二十四個。這個紀錄很厲害，大家比較一下清朝就知道了。清朝皇帝的兒子一般只有一半能長大成人，你當明朝的傳染病沒有那麼厲害好了，但二十六個養大了二十四個，還是很驚人的紀錄，可見馬皇后真的很用心去為朱元璋養兒育女。

那麼朱元璋有多少個妃嬪呢？有人曾進去明孝陵看過，朱元璋妻妾的神位，和他放在一起的，如不計算殺了那些，總共有四十六個。她們可說是來自五湖四海，有郭子興的女兒、有別人的寡婦、有強搶回來的，有自願跟他的。但他的皇后，只有一個，就是馬皇后。馬皇后死了後，他就沒再立皇后，而是由李淑妃掌管六宮。李淑妃死了後，就輪到郭寧妃。而太子方面，朱元璋也一直是不作他選，朱元璋成為吳王一刻，就已立朱標做世子，幾乎是毫無猶豫，那時朱標只有十二歲；而一到稱帝，即洪武元年，朱標已經被立為太子，那時朱標只有十三歲。朱標是誰所生的呢？歷史有幾種不同的記錄。要判斷朱標究竟是誰所生，就要先答朱棣是誰所生這個問題，不過這可以在遲一點在燕王之亂那時候才講。根據明朝正史的第一種講法，朱標並非馬皇后所生，是馬皇后收養回來的，而馬皇后收養了朱標、秦王朱樉、晉王朱棡和燕王朱棣，就是所謂的「四長子」。那麼究竟有多少個是馬皇后所生的呢？另一種說法是只有朱標是馬皇后所生；第二個說法是馬皇后生了朱標、秦王、晉王三個；後來又有一種說法，就是四長子連同五子周王都是馬皇后所生。

為甚麼他們是誰所生會這麼撲朔迷離呢？不是有正史記載的嗎？原因是歷史後來給朱棣篡改了。這部分有點複雜，可以遲一點再講。但簡單一點說，朱棣篡改了朱標是馬皇后所生這項資料，強調自己才是馬皇后所生的。不過我始終認為，朱標真是馬皇后的親生兒子。有幾個很簡單的證據：首先，朱元璋是不停強調繼承皇位一定要是嫡長子，所謂「嫡」，就是皇后所生的兒子，而皇后所生的大兒子，就是嫡長子。試想，到朱元璋即位一刻，如果朱標不是馬皇后所生，他就不會強調他是嫡長子；而如果朱標是他另外的妻妾所生，他應該立該人做皇后，然後朱標就順理成章是嫡長子。而為甚麼嫡長子那麼重要呢？因為這是最不會惹起爭執的一種繼位方法。而朱標死後，朱元璋猶疑了一陣子，但最後都是立了朱標的第二子允炆做太孫，其實都是基於同一個原則。這個原則很重要，嫡長子既是皇后所出，地位自然就很高，那是無可爭辯的事情。因為誰的母親地位最高，等於外家勢力最大，這是春秋戰國以來皇室運作的法則。第二，誰是皇后，誰是長子，不容有任何可資爭辯的空間，以免皇室日後出現爭執。而朱元璋立朱標為世子、太子一直毫不猶疑，到太子死後，也只猶疑了一陣子才立允炆為太孫，因為允炆只有十五六歲。反過來說，如果朱標不是馬皇后的兒子，則所有人都是庶子，那為甚麼不立第二任妃嬪的長子做皇帝呢？

但為甚麼有些人認為朱標不是馬皇后所出？第一，因為朱標是在朱元璋攻入太平那一年生的，而他出生地就是太平。正如前述，朱元璋六月由和州打到去太平，然後他就被元軍圍困在那裏，那麼馬皇后是怎樣在兵荒馬亂中混進太平，讓朱標在九月出生於城內？有人因此認為朱標不是馬皇后的兒子，而是另外一個女人在太平生下的，第二年太平解圍了後，馬皇后才和那些校尉的妻子一起去到那裏。

不過，其實說馬皇后甚麼時候帶那些校尉的妻子去太平，史書沒有一個確實的說法。朱元璋攻入太平那一日是六月初二；六月初九陳野才率兵包圍太平，這中間有七日。在這七日中，馬皇后就已可和一眾妃嬪和那些校尉的妻子一起來到太平。這個說法又有甚麼根據呢？第一，到太平被圍攻時，有個姓張的次妃跟朱元璋說，現在被人圍攻得這麼厲害，你的元帥府裏面有這麼多金銀珠寶，如果城破了，金銀珠寶是沒有用的，應該把它們分給士兵，而朱元璋亦真的採納了她的建議。這證明了朱元璋的一眾妃嬪在太平被圍之時，經已來到。第二，根據史書所載，為甚麼太平守得密不透風，正正是因為朱元璋的妃嬪全來了，而一眾校尉的妻小也全來了，一家大小的性命全部都在城內，只得硬著頭皮堅守到底。這證明朱元璋在被人圍攻前，馬皇后已經和所有婦人小孩來了太平，那時馬皇后應是懷著六個月身孕及和那些妃嬪一起來，到了九月就生了朱標，所以朱標理應是馬皇后的親生兒子。

還有一個很大的證明，而這個故事本身也廣為人熟知。朱元璋亂殺功臣，滿手血腥，而朱標是一個很仁厚的人。偏偏朱元璋常常教導兒子，為人君最重要的是仁。於是朱標質疑説，你説以仁為本，為甚麼又要動輒大開殺戒呢？朱元璋有一天叫朱標來，取過一支長滿棘刺的樹枝，叫朱標將之拿起。朱標見樹枝長滿棘刺，頓時猶豫起來。朱元璋於是説，拿不起吧？我就是要把那些棘手的刺全部除掉，那麼你就可以輕易抓起樹枝了。即是説，朱元璋要殺光了妨礙朱標執政的人，使他可以掌握朝局。但朱標反駁他的父親説，上有堯舜之君，下有堯舜之民，如果你是本著有仁心執政的皇帝，人民就會用仁慈來回報你，他們根本就不會造反。朱元璋駁他不過，氣得抄起一張凳子追著他來打，朱標走避時，衣兜裏跌了一幅畫出來。朱元璋一看那副畫，描繪的是陳友諒攻陷了太平，馬皇后背著朱標和那些婦女離開應天避難的情形。朱元璋立即怒氣平息，因為他想起與馬皇后的種種恩愛和情義。而朱標為甚麼有這幅畫放在自己的懷中呢？正因為他和馬皇后有很特殊的關係——他正正是馬皇后的親生兒子。以前馬皇后在生時，就常常調解他們父子，即是提醒朱元璋，喂，這好歹是我們的親兒，給點面子好不好？而朱元璋和馬皇后夫妻感情向來很好，所以我看不出有甚麼理由，朱標不是馬皇后的兒子。而後來說朱標不是馬皇后親兒的說法，大多出現在成祖之後。這很可能是因為朱棣篡改了歷史。

話說回來，太子朱標死後，朱元璋會想到甚麼？尤其是立了年幼的允炆為太孫之後，他立即想到的，是那一班軍功彪炳的大將，再有沒有人可以管束他們，於是就有了洪武二十六年（1393年）的藍玉案。基本上他覺得這班功臣全都是殺人不眨眼，甚麼險都敢冒，所以他們將來肯定會造反，而允炆是控制不了他們的。所以他要把這幫人全部除去。當中最是「好打得」的兩個，馮勝和傅友德都不能倖免。那麼誰去幫他保護國家呢？他的想法是，洪武二十年以後，他的一眾兒子已經長大，可以帶兵打仗，就不需要靠這些異姓功臣。所以洪武二十六年有藍玉案，洪武二十八年則除去了馮勝和傅友德，因為他已經確定，他的一眾兒子已具備帶兵打仗的能力。大家看看這個佈局，九個親王——遼王、寧王、谷王、燕王、代王、晉王、慶王、秦王、肅王的封地其實都在邊境重鎮，以抵抗外敵侵擾。其實洪武二十年藍玉北征，他的兒子已有一定程度的參與，到了洪武二十三年，為了掃蕩北元，他派了燕王和晉王出征，燕王跟隨馮勝，晉王跟隨傅友德。兩位親王那時三十歲，結果燕王朱棣是大勝而回。他像藍玉一樣，孤軍深入，找到元軍的主力，但他沒有馬上進攻，而是勸元軍投降，而元軍竟然真的投降了，所以晉王的軍隊隨後來到時，已經再沒有敵人。還有寧王也是軍功纍纍，而秦王則專攻西番（即今日的藏人），可見他幾個兒子都有軍事才能，於是他就放心把所有功臣殺盡，只剩下兩個。一個是長興侯耿炳文，進攻能力一般，但極擅守城。另一個是姨甥李文忠的的兒子李景隆，這個因為是親屬，所以得以留下。他覺得他的江山可以靠他的兒子去捍衛，所以功臣就不再需要存在了。

早期朱元璋的王子權力極大，每個封親王的兒子都可擁有三個護衛。那不是今天保鑣護衛員的意思，所謂一個護衛等於一個軍隊的一個旅，人數可以是由三千人到一萬九千人，三個護衛最多可以有五萬多人！如果是守衛邊境的，甚至可以多至十幾萬人，早期文武官吏全部都是由他們直接命令，甚至有生殺之權，連地方官吏都要聽他們號令。這個設計的背後理念，正是他想靠這些皇孫來支撐起整個國家。

16 埋下禍根注定叔姪相殘

朱元璋的雙重標準，也體現在他對王子和功臣的賞罰上。他對功臣和朝官動輒就是大刑侍候殺無赦，但對王子呢？他們多半即使是真的有罪，也都沒甚麼事。朱元璋在《祖訓錄》就講過，若王子有罪，天子會命人加以譴責，若譴責了三次不聽，就會把他召來京師，十日內要面聖五次，受皇帝訓斥。若犯的錯誤真的很嚴重，最高刑罰是被廢為庶人，再沒有更重的了。這個和其他人的待遇真是有天淵之別。但到了洪武二十五年，太子朱標死了後，這種制度就改變了。朱標在生的時候，狀況大致是哥哥統領住一班弟弟，而且哥哥已經管理朝政這麼久，他不覺得這班弟弟會造反；但到了洪武二十五年，他仔細一想，那個可是只有十五歲的允炆，而那班人是他的叔父，他們個個大權在握，當中有些人更是無法無天到難以想像，若不改變這種權力分佈，允炆真有可能壓不住這些叔父。結果朱元璋的擔心，在靖難之變時終於還是發生了。

允炆這些皇叔可以有多無法無天呢？舉個例子，朱元璋的次子秦王朱樉犯了三十七項大罪，當中包括：第一，亂建宮殿、亂燒琉璃瓦，甚至引水進去玩樂。回到前文所言，朱元璋建宮殿全部有規格，越矩的話可以是殺頭的死罪，但秦王卻竟敢無視；第二，縱容外人進府，例如范師婆及其子范保保等，進王府通宵作樂，甚至夜宿幼男幼女。這位秦王是雙性戀，他既有男伴也有女伴，這個不是問題，問題是他從不當其他人是人看待，只當所有人都是他的玩物。他其中一件瘋狂的玩意，就是手繪一個他認為是天下最美女子的模樣來，叫人去杭州「搜購」，結果當然是沒可能找到。另有一件是和鈔票有關的，又正如前文所述，鈔票舊了就不值錢，他就故意用破爛的舊鈔，去搶別人的羊，又拿舊鈔去買金，對方不賣，他就打死對方。他把金賣出去，收一些新的鈔票回來，若對方不接受交易，他又會打死人。前文提到他專攻西番，可想而知他會如何對待當地藏人。這人有戀童癖，他會把藏人小孩搶回來，把他們閹割以供玩樂。殘殺無辜在秦王的生活中已是尋常事，但最絕的是連自己的皇妃也不放過。他寵愛次妃，竟然聽信次妃之言，不理規矩無端把皇妃囚禁了。龍生九子，各有不同，朱元璋的兒子當中，既有仁厚正直的朱標，也有心理變態的秦王，亦有娶了名媛千金（湯和的女兒）、還要去攔路強搶民女的魯王；亦有連燕子也要捉來虐待的靖江王（朱文正的兒子）。

及至洪武二十三年，朱元璋已忍受不了秦王朱樉，就這三十七項大罪，把他召來京師，立即囚禁。這時朱標剛去西安巡視回來，由於他是個對兄弟很好的人，他為秦王講情，於是秦王又獲釋放。

朱標死於洪武二十五年，而秦王則死於洪武二十八年，而三子，也即是「好打得」的晉王，三年後在洪武三十一年也死了。如此一來，燕王朱棣變成了長子。到了這個時候，朱元璋忽然驚覺，允炆這些叔父很麻煩，於是就著手削他們的權，也不理這跟《祖訓錄》或《皇明祖訓》所言已有所違背。此後諸王再沒有管理當地民政的權力，雖然他屬下的護衛仍然有權，但已不再擁有生殺之權，若有要處死的嚴重個案，須將犯官移送京師定奪。他們不准離開封地，不准出城，對他們作出很多限制，因為他恐怕太孫控制不了他們。

有一日，他跟允炆說，現在天下安定，如果有外族入侵或有人造反，你的諸位叔父會為你作拱衛。但聰穎的允炆居然提出了一個價值一百萬的問題：如果是我的叔父造反呢？朱元璋頓時呆了，於是反問他，你覺得應該怎樣？他說，我首先用德來感化他，如果不行，我就用禮來制約他，如果都不行，我就用法來制裁他，如果用法制裁他都不行，就只可以兵戎相見。朱元璋想了想，覺得允文也說得正確。的確，允炆的問題很有先見之明，但我們今天想到後來的靖難之變，就難免覺得他的答案有點理想主義。

朱元璋的時代，到了洪武三十一年（1398年）、他七十一歲時終於到了尾聲。這個由乞丐、農民起家的皇帝，建立了一個他覺得可以千秋萬世存在的王朝，到了晚年，他大致上覺得自己已經達到了全部的目標，世上任何可以阻止他的人已經被他完全消滅了，所有功臣盡誅，而天下已牢固地握在他的子孫手上。他希望可以建立一套穩妥的繼承制度，所以堅持由嫡長子繼承皇位，而非傳位給其他兒子。後來有説他想傳位給燕王，這可以肯定是朱棣為了使自己篡位合理化的「創作」，因為如果傳位給燕王，那秦晉兩王會怎樣？秦晉兩王都比他大，而且都是馬皇后的親兒。反而，朱元璋應該早就有點懷疑燕王會有謀朝篡位的一天。民間有個傳説，有一日，朱元璋偶爾看到一句詩，「風吹馬尾千條線」，於是以此作為上聯請各王子王孫對下聯。允炆就説「雨打羊毛一片氈」，這是一個很悽慘的畫面，因為羊很怕下雨，淋到他們好像變了一片毛氈一樣，是多麼可憐的事。反而朱棣就説，「日照龍鱗萬點金」，這個下聯很有氣勢，但也不知不覺地流露了朱棣的野心。而允炆做了王太孫之後，朱棣入京，有一次，竟然公然拍了一記允炆的背，説道，小子，想不到你也有今天。可見朱棣根本不把允炆當回事，也從沒打算尊重他。極端多疑的朱元璋看在眼裏，又如何會沒有一絲疑慮？而纏繞著他和允炆的噩夢，最終還是在允炆成為建文帝之後成為事實。一直困擾著他的繼承問題，由始至終，都沒有真正得到解決。而命運選擇了讓明朝跟兩個明君擦肩而過，朱標和朱允炆不是沒命等到即位，就是被篡奪了江山；而等著明朝人民的，則是一個又一個的昏君和暴君，還有持續大半個明朝的宦官亂政和廠衛橫行。

但無論有何，朱元璋建立了一套運行五百多年的制度，一個維持了二百七十六年的皇朝，對中國近代歷史的影響非常深遠。而他堅決封關鎖國，切斷中國和外國的聯繫，令中國在經濟和科學的發展都落後於時代。也正因如此，朱元璋的功過，也只能由後世評說。而這些評論，在歷史長河中，相信不會休止。

參考書目：

脱脱等：《宋史》（北京：中華書局，1977年）。
宋濂等：《元史》（北京：中華書局，1976年）。
柯劭忞：《新元史》（上海：上海古籍出版社，2017年）。
張廷玉等：《明史》（北京：中華書局，1974年）。
朱元璋：《明太祖御製文集》（臺北：臺灣學生書局，1964年）。
朱元璋：《明太祖集》（合肥：黃山書社，1991年）。
董倫等：《明太祖實錄》（臺北：中央研究院歷史語言研究所，1962年）。
焦竑：《國朝獻徵錄》（揚州：廣陵書社，2013年）。
徐禎卿：《翦勝野聞》（北京：北京大學出版社，1993年）。
昭槤：《嘯亭雜錄》（上海：上海古籍出版社，1987年）。
趙翼：《二十二史劄記》（北京：中華書局，1984年）。
傅樂成：《明代史》（臺北：長橋出版社，1980年）。
吳晗：《朱元璋傳》（北京：人民出版社，1985年）。

呂景琳：《洪武皇帝大傳》（瀋陽：遼寧教育出版社，1994年）。

陳梧桐：《洪武皇帝朱元璋大傳》（鄭州：河南人民出版社，1994年）。

孫文良：《洪武帝》（長春：吉林文史出版社，1996年）。

黃冕堂、劉鋒：《朱元璋評傳》（南京：南京大學出版社，1998年）。

孟森：《明清史講義》（台北：里仁書局，1982年）。

黃仁宇：《萬曆十五年》（臺北：食貨，1985年）。

黃仁宇：《中國大歷史》（臺北：聯經，1993年）。

陳學霖：《明代人物與史料》（香港：中文大學出版社，2001年）。

中共中央文獻研究室：《毛澤東讀文史古籍批語集》（北京：中央文獻出版社，1997年）。

朱鴻林編：《明太祖的治國理念及其實踐》（香港：中文大學出版社，2010)。

楊一凡：《洪武法律典籍考證》（北京：法律出版社，1992)。

釋印順：《初期大乘佛教之起源與開展》（北京：中華書局，2011年）。

楊訥：《白蓮教與明代建國》（香港：香港中華書局有限公司，2007年）。

Daniel Overmyer 著，劉心勇譯：《中國民間宗教教派研究》（上海：上海古籍出版社，1993年）。

樊如、潘星輝：《中外歷史大事年表》（香港：香港中華書局有限公司，2010年）。

作者 蕭若元

統籌：劉文慧

撰稿：楊繼昌

封面設計：Vincy Cheung

內文設計：Nicky Chang

出版： Hong Kong New Media Limited

地址： 九龍長沙灣長順街 1 5 號 D2 Place 二期 8 樓

電話： (852) 28920567

傳真： (853) 28988553

網址： www.hkreporter.com

電郵： info@hkreporter.com

印刷： 新世紀印刷實業有限公司

地址： 九龍土瓜灣木廠街 36 聯明興工業大廈 3 字樓全層

電話： (852) 22646763

傳真： (852) 22645977

定價： 港幣 108 元

2018 年 2 月 第一版

ISBN 978-988-14177-2-5

版權所有，未得作者同意，不准以任何形式翻印、翻譯或轉載。